やってはいけない50の習慣

井上裕之
Hiroyuki Inoue

きずな出版

自分のことは、自分ではわからないものです。

過去の記憶をたどっても、好きなことを並べても、それでも「自分がわからない」という人はたくさんいます。

しかし、あなたという人間がどんな人であるかを顕著《けんちょ》に表すものがあります。


それこそが「習慣」です。


相手がどんな人か知りたいとき、本当に大切なのは言葉ではなく行動です。

いくらよい言葉を並べても、行動がともなっていなければ信頼を得ることはできません。言葉では何とでも言えます。

だからこそ、言葉ではなく行動に注目すべきであり、その行動の源《みなもと》になるのが、「習慣」なのです。


あなたの習慣は、あなたのなかに深く刻まれています。

だからこそ、変わったときの振り幅は何よりも大きいのです。

「夢を叶えたい」「成功したい」と、誰もが思います。

しかし、自分がどんな人間なのかを知らずに進むのは、操縦桿《そうじゅうかん》のない飛行機に乗るようなもの。乗れたはいいが、向かうことも着地することもできません。


まずは、あなたがあなた自身を知ること。

そのためには、いま自分がもち続けている習慣を知ることが先決です。

その意識をつかめば、いつもの自分の行動を、客観視できるようになります。

すると、よい習慣、悪い習慣の分別がつくようになり、おのずと、理想の自分へと近づくための選択ができるようになります。


つまり、いまある習慣を知り、それを変えることこそが、あなたの夢や希望を叶える近道なのです。

Prologue

あなたは「習慣」からできている

誰もがいま、新しい時代の訪れを感じています。

年号が変わっただけではありません。

マスク越しに吹く風は、いままでとはまったく別の日常を運んでいます。

未曾有《みぞう》のコロナ禍により、あらゆる物事に真価が問われています。

そして、いままでのやり方を見直さざるを得ない状況であることは、まぎれもない事実です。


そう言うと、ネガティブに捉える人もいるかもしれませんが、じつはこの状況こそ、**あなたの習慣を見直す絶好のチャンスなのです。**

誰もが強制的に変化せざるを得ないこの時代に、いままでのやり方を貫き通していては、時代錯誤であるだけではなく、無知無能と思われる可能性が高いです。


しかし、年齢を重ねるほど、人は変化することを嫌います。

中高年が新しいものを取り入れることに腰が重いのは、そのためです。

反対に、若い世代は変化を楽しんでおり、新しいやり方を受け入れる柔軟性があります。

「いま△△が流行っている」「これからは××が主流になるだろう」といった会話も、若い世代のほうが明らかに多いでしょう。


現に、上司が部下にオンライン会議ツールの使い方やIT用語を教わることが日常となったいま、ピラミッド型の社会体系が崩れていくことを誰もが肌で感じています。

だからこそ、年齢やキャリアで人を選ぶ時代ではなくなりました。

つまり、**誰にでもチャンスが平等に与えられている**、それがいまの日本の実情です。

仕事でも恋愛でも、**最後に勝つのは「選ばれる人」**です。
世の成功者と呼ばれる人たちも、選ばれてきた人だから成功者になれた。言いかえれば、選ばれない人は成功者にはなれません。

あなたの人生は、いかに選ばれ続けるかで決まります。
そして、**その源になるものが「習慣」**です。
あなたの言葉や行動は、あなたがもつ習慣から生まれるものだからです。

人は意外にも自分のことがわかりません。
しかし、あなたがもっている習慣を知れば、面白いほど自分のことが見えてきます。

つまり「**あなた=あなたの習慣**」なのです。

本書は、あなた自身を知るために「習慣」という視点から書かせていただきました。
習慣は潜在意識に深く根づいており、**その潜在意識が、あなたの習慣をつくってい**

ます。

習慣を知ることは、あなたの過去を知ることでもあります。

そう言うと「過去は変えられない。だから、習慣を変えることなんてできないのでは？」と思う人もいるでしょう。

しかし、**習慣は変えることができます。**

あなたの未来の習慣は、いまこの瞬間からあなたがつくれるものだからです。

そのためには、**まず「私はこんな習慣をもっている」ということをつかむこと。**

それができれば、いままで当たり前におこなっていた行動を疑う目が養われます。

すると無意識に、その習慣がよいか悪いかを判断することができ、自然と選ぶべき道を選択できるようになります。

理想の自分になりたいなら、理想の習慣を手にすること。

それが成功への近道です。

みんなが「いっせいの、せっ」でスタートしたこの時代だからこそ、過去の悪《あ》しき習慣を知り、手放し、新しい自分を創作しましょう。

それをつかんだ人から、本当の意味で新しい時代を生きることができます。

では、前置きはこのくらいにして、いよいよ本題に入りましょう。

あなたがあなたの習慣を知り、この新しい時代に「選ばれる人」であり続けるきっかけとなりますように。

Contents

第3章 やってはいけない仕事術

第4章 やってはいけない人間関係のつくり方

Contents

第5章 やってはいけないお金の習慣

第1章

やってはいけない考え方

01 習慣

やってはいけない！

自己否定するクセがついている

これでうまくいく！

自己否定は絶対にしない

自己否定すると、自己エネルギーを下げます。

たとえば、筋力テストの前に「よい結果が出せるはずがない」と口にするのと「絶対よい結果が出せる！」と口にするのでは、あきらかに結果が異なります。

トップアスリートたちがネガティブな言葉を発しないのは、みずから口にする言葉が現実をつくることを知っているからです。

そもそも、自己否定ばかりしている人と一緒にいたいと思いますか？

「私なんてブスだから」

「俺は仕事ができないから」

そんな言葉を口にする人を「魅力的だなあ」「かっこいい」と感じる人はいません。

もちろん、謙虚でいることは大切です。

しかし、**謙虚さと自己否定はまったく違うもの**であることを認識しましょう。


たとえば「すごいね！」と褒められたとき、あなたは何と口にしますか。

「そんなことないよ。△△さんのほうがすごいよ」

「いやいや、たまたまだよ。私なんてまだまだ」

などと思わず口にしてしまう人も多いでしょう。


このように、謙遜《けんそん》しつつ、自己否定をしている人が非常に多いです。

謙遜して言ったつもりでも、みずから発した**自己否定の言葉たちは、そのままあなたの潜在意識に埋め込まれ、やがてあなたの言葉、行動として表れます。**

一流と呼ばれる人は自己否定をしたり、謙遜したりするような言葉を口にしません。

褒められたり、評価されたりしたとき、「ありがとう」と感謝の言葉をさらっと言

える人こそ、真の一流です。

さらに気をつけなければいけないのは、あなたが口に出さずとも、**身近にいる人たちが自己否定をしていたら、それは同じようにあなたの潜在意識に埋め込まれてしまう**ということです。

「習慣」というと、あなた自身が発する言葉や行動から生まれるものだと思いがちですが、違います。あなたの目に、耳に、入るものすべてがあなたの潜在意識に埋め込まれ、あなたの習慣をつくります。

ともすると、**自己否定やネガティブな言葉ばかり口にする人と一緒にいるだけで、あなた自身も無意識に自己否定する習慣が身についてしまう**可能性があります。

あなたの身近にいる人のなかにそういう人がいるなら、あなたの未来のために、なるべく離れることをおすすめします。

自己否定やネガティブな言葉は、あなたのエネルギーを下げるだけではなく、あなたの運を下げ、輝かしい未来を奪うこととなりうるからです。

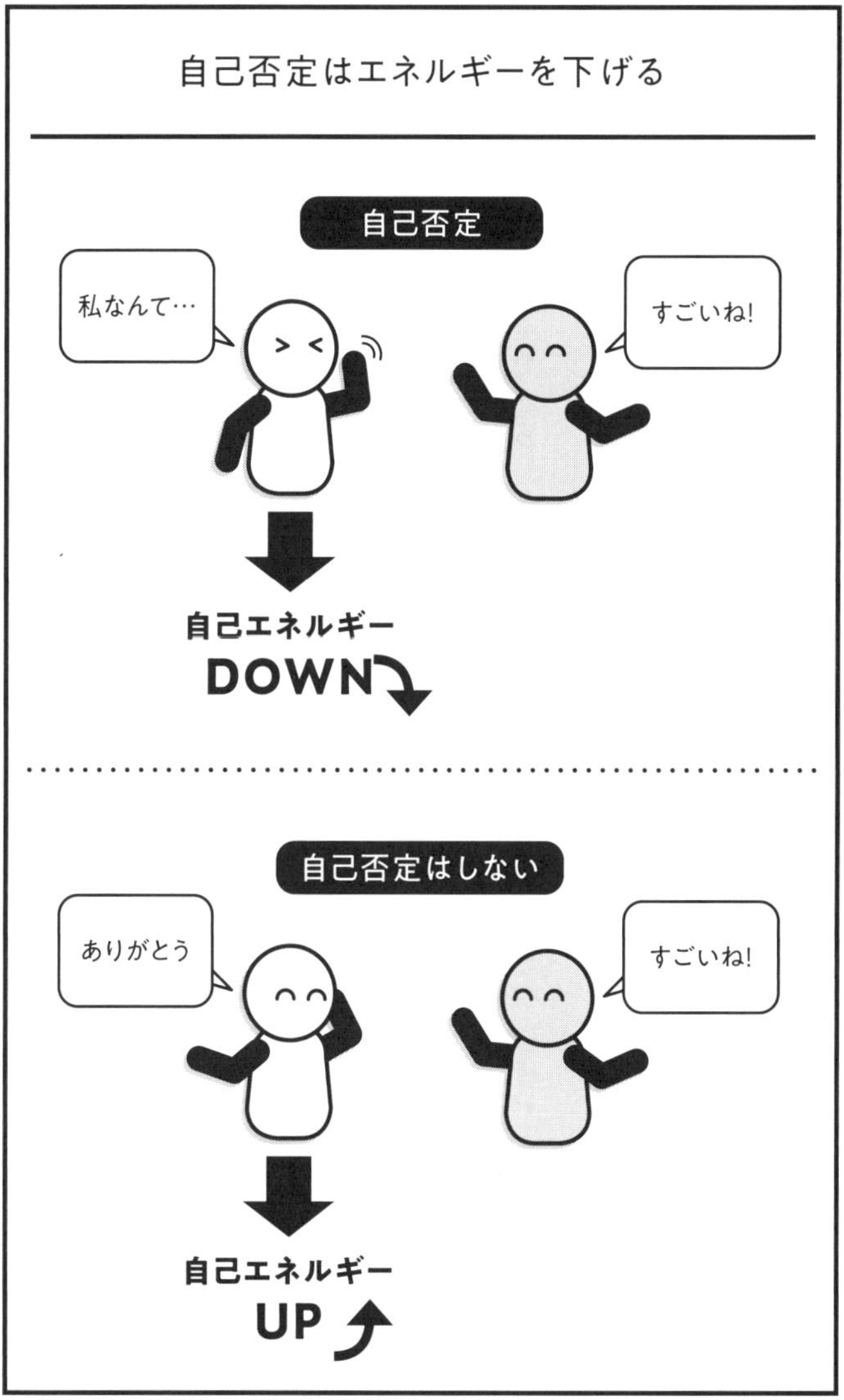
自己否定はエネルギーを下げる
自己否定
私なんて…
すごいね!
自己エネルギー
DOWN
自己否定はしない
ありがとう
すごいね!
自己エネルギー
UP

02 習慣

やってはいけない！

オフィシャルな場で、マイナス言葉を使わない

これでうまくいく！

ひとりのときですら、マイナス言葉を使わない

「マイナスの言葉は使わないほうがいい」

どんな自己啓発本を見ても、そう書いてあります。

この本を読んでくださるあなたも少なからず、どこかでこの言葉を聞いたことがあるのではないでしょうか。

先ほども書いたとおり、マイナスの言葉は潜在意識に刻まれ、あなたの習慣と行動の源となります。つまり、**マイナス言葉を使わなければ、よい習慣、よい人生をつくるきっかけになる**といっても言い過ぎではありません。

しかし、マイナス言葉を使ってはいけないと知ってはいるものの、一方でこんなことを考えてはいませんか。

「人間なんだから、たまには愚痴《ぐち》を言ったり、弱音を吐いたりするのも仕方ない」
「おおやけの場でポジティブな言葉を発していればいいんじゃない？」
「部屋でひとりのときなら、大声で文句を言ってもいいでしょ」

マイナス言葉がよい影響を与えないと理解しているものの、実際にはそんなふうに考えている人も多いのではないでしょうか。

以前、知り合いの女性起業家がこんなことを話してくれました。

「人生を変えたかったら、ひと言たりともマイナス言葉を使ってはダメ。人生は言葉の掛け算でできているから、みんなの前でどんなに素晴らしいことを言っても、ひとつでもゼロがあればすべてゼロになるのよ」

たしかに、彼女はいかなるときもマイナスの言葉を使いません。
どんな相手、どんな相談でも、プラスの方向へ思考を広げる言葉のチョイスが秀逸《しゅういつ》です。
だからこそ、彼女のまわりには同じようにプラス言葉しか使わない人が集まり、それがさらにプラスの循環を生んでいます。

あなたが本気で人生を変えたいのであれば、「ひと言でもマイナスの言葉を使わない」という習慣を身につけましょう。

それができる人こそ、真の成功者への切符を手にすることができるのです。

さらに大事なのは「どんな言葉を選ぶか」です。

日本語にはたくさんの類語があります。
たとえば「価値」という言葉ひとつをとっても、「真価・長所・メリット・利点・取り柄・美質」などさまざまな類語があります。
「女性の価値は自分で決めるものです」と言うのと、「女性の長所は自分で決めるものです」と言うのでは、ニュアンスが変わります。
つまり、あなたがどの言葉をチョイスするかによっても、あなたの印象は変わるのです。

とはいえ、どの言葉を選んだらいいかわからないという人も多いでしょう。
そういうときこそ**「一流の人が使っている言葉」を選びましょう。**

社会的に一流と呼ばれる人、成功している人というのは、間違いなくまわりに影響を与えている人です。
そういう人は言葉のチョイスに長《た》けていますし、むしろ言葉の力が作用しているから成功したといっても言い過ぎではありません。

一流の人たちと同じ言葉を使うことは、一流の人と価値観を共有することです。言葉の重みを知り、言葉を選ぶ習慣を身につけましょう。

習慣 03

やってはいけない！

夢を叶えるためには努力が必要だ

これでうまくいく！

夢を叶えるために努力は必要ない

成功している人は「努力を努力だと思っていない」という共通点があります。

なぜなら、これをやった先にどんなものが手に入るかが明確であり、それを手に入れるまでの過程は**「努力」ではなく「プロセス」**と捉えているからです。

もしあなたが、夢や目標を叶えるためには努力が必要だと考えているなら、それは本当にやりたいことなのでしょうか。

夢のために何かを「努力している」とか「がんばっている」と思うなら、その先にある夢は本当にそれをやる必要があるのか、もう一度考えるべきです。

なぜなら**何かを「努力している」と思う時点でその物事を楽しめていないからです。**

以前、早稲田大学でおこなった講義のなかで、学生にこう質問されました。

「井上先生は仕事をするなかで、つらいことはありますか？」

私はすぐに、こう答えました。

「あるわけないでしょう」

学生たちがどっと笑うなかで、私はこう続けました。

「私はミッションに対して、つねに価値を目的とし行動しています。つまり目的や夢に向かう行動をしているんだから、つらいわけがない」

そう言うと、学生たちはみな大きくうなずき納得してくれました。

本来、目的や夢を叶えることの充実感に「つらい」という意識は生まれません。

あなたが夢を叶えるために、**「つらいけど努力しなきゃ」と思うなら、それは本当にあなたがやりたいこと、叶えたい夢でない可能性が高いです。**

さらに言うと、本当に叶えたい夢への過程でうまくいかないことがあっても、「いまに見てろ」「負けたくない」と思うはずです。

つまり、**「努力しなきゃ夢を叶えることはできない」と思っている時点で、あなたは気概をもっていないことになります。**

とはいえ、何かを得るために学ぶことは必須です。

かのドラッカーによると、「意思決定」は次の5つをステップとしています。

ステップ1：問題の種類を特定する
ステップ2：意思決定が満たすべき必要条件を明確にする
ステップ3：何が正しいかを知る
ステップ4：意思決定を行動に変える
ステップ5：結果をフィードバックする

何かをはじめようと思う前に、**そのもの自体に、はじめる必要があるかないかを決めることが大事**であり、それに対して「意味と価値があるのか、心から喜びを感じるか」を明確にしてから行動すれば、後悔することはないと言っています。

それを理解したうえで、あなたがいまやっていることが**「これは本当にやるべきこ**

とではないのかも」と思うなら、いますぐやめる選択肢をもつこともよいでしょう。


しかし、そういうときこそ、**それをはじめたときのことを思い出してください。**

たとえば、会社を辞めるか迷っているなら、あなたが入社するとき、どんな意図をもって入社したのか思い出してみましょう。そのときの気持ちを思い出しても、辞めることを選ぶのであれば、それはそれでいいと思います。


もっともよくないのは、「なんとなく辞めたい」と思う場合です。

「なんとなく辞めたい」と思うのは、「なんとなくはじめた」ことが原因です。

転職ばかりしているとか、どんな仕事をしても続かない人は、まずは「なんとなくで行動しない」ことを習慣づけることが大切です。


人生は練習なし、本番一発勝負です。

直感や感情を優先して生きることも大事ですが、何か新しいことはじめるときこそ、自分自身の言葉と行動に責任をもつことを意識しましょう。

04
習慣

やってはいけない！

マイナスの評価に凹《へこ》む

これでうまくいく！

マイナスの評価に価値を見出す

作家の知り合いと話をすると、Amazonのレビューはかならずチェックするという人と、一切チェックしないという人に分かれます。

私はなるべく見るようにしています。

なかには辛辣《しんらつ》な意見が書かれていることもありますが、それこそ、**次の企画の参考になるため、むしろありがたいアドバイスとして受け入れています。**

作家デビューしたてのころは、マイナスのレビューに落ち込んだこともありました。

しかし、マイナスの評価があったからこそ次の作品が生まれたという経験から、それ以降、**マイナスの評価をマイナスとは思わない習慣が自然と根づいています。**

たしかに、人は誰でも悪く言われることは嫌です。

しかし、人は評価されてこそ成長します。

マイナスの評価のなかに、かならずあなたに足りないものを教えてくれるヒントがあるのです。つまり、マイナスの評価こそ成長のチャンスです。

そう考えると、あなたのまわりにいる「いつもあなたに怒ってくる人」「あなたに反対意見を言ってくる人」「あなたに文句ばかりを言う人」に対しての見方が変わってくるはずです。

批判をありがたく受け止めるという思考のクセを手に入れれば、あなたの言葉と行動が変わり、やがてその相手との関係性も変わることでしょう。

その際「**誰に言われたのか**」ということも重要です。

批判することだけを楽しんでいるネット民や、いつも誰かの悪口を言っている人に批判されても、そこに価値を見出す必要はありません。

あなたが尊敬している上司や先輩、友だちなどからの批判は、素直に受け入れるべきです。

批判や注意をされたときこそ「よい結果を生み出すためのプロセス」と考える意識をつねにもちましょう。

すると、どんなことを言われても「マイナス評価はプラスのエネルギー」と、落ち込む間もなく瞬時に捉える習慣が身につきます。

世の中には、2つの物事しか存在していません。

実際に起こった「事実」と、それを受け取る「感情」です。

マイナスな出来事に対して、あなたが抱く解釈は自由です。

であればなおさら、すべての出来事に対し、プラスに受け取りましょう。

そういう習慣を得れば、**他人の目を気にしたり、他人からの評価を気にしたりして、落ち込む必要などなくなります。**

マイナスの評価はプラスに受け取る!

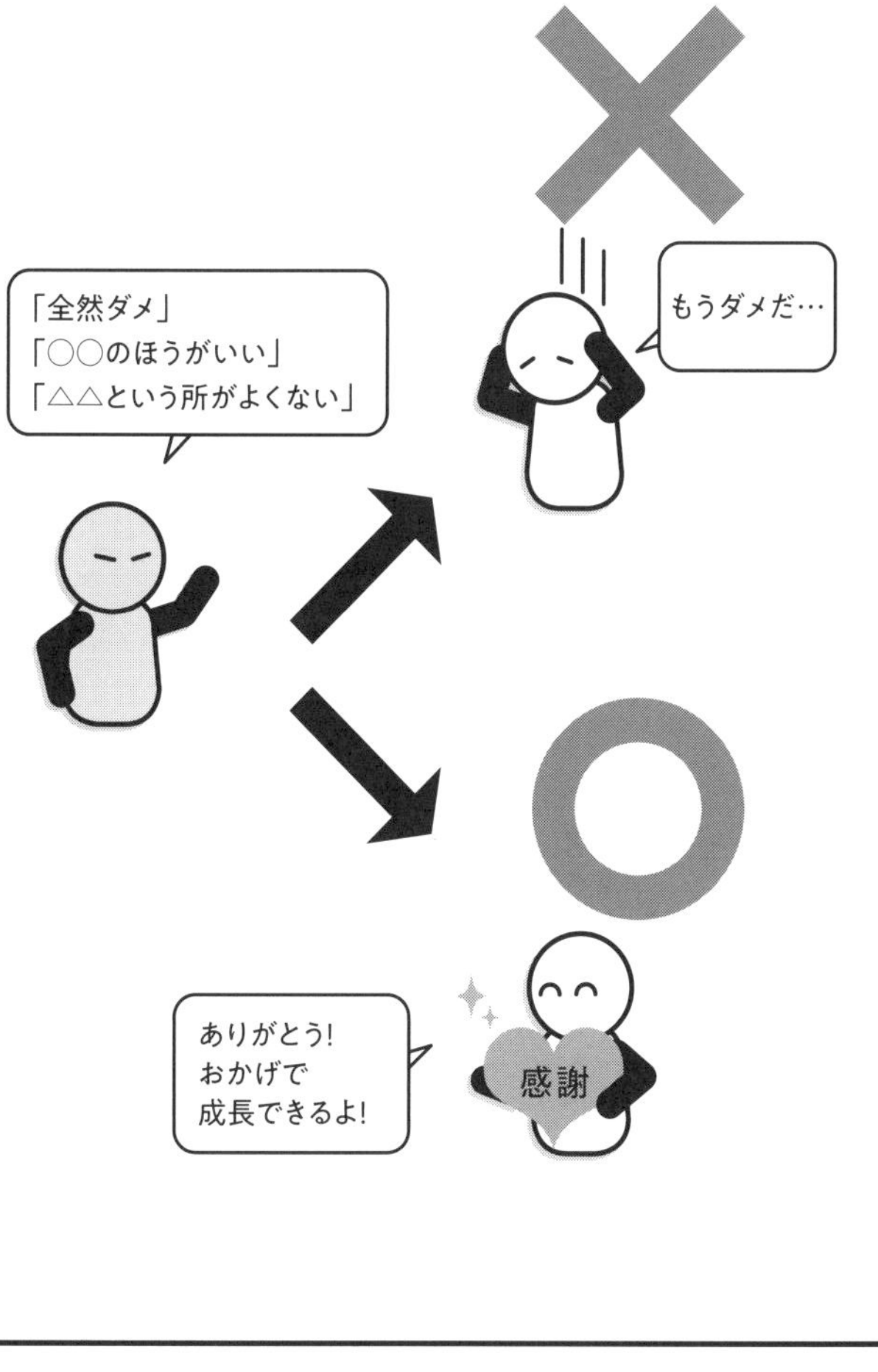

05 習慣

やってはいけない！

怒りを抑えきれず、後悔する

これでうまくいく！

怒りは「自分を顧みる機会」と捉える

人が何かに対して怒るときは、怒る理由が存在します。

ただ自分の体調が悪いとか、機嫌が悪いといったことでは、人は「怒りを抑えきれない」というレベルには達しません。

であれば、感情を抑えきれないほど怒るという状態には、かならず本当の理由が隠されています。

取材やセミナーなどで「井上先生って、怒ることはあるんですか？」とよく聞かれます。しかし、**私は仕事でもプライベートでも怒ることはありません。**

怒りたくなるような人と一緒にいないことも理由のひとつですが、**怒ることで生まれるメリットは何ひとつない**と知っているからです。

以前は、海外旅行などに行くと「交通機関が日本と違って時間どおりに来ない」など、少々カチンとくることも正直ありました。

しかし、こういう瞬間こそ、文化の違いに気づかされ、一瞬でもカチンときた自分に対して「あ、これは自分の物差しで見ていたな」と反省します。

つまり、**怒るということは、何かの気づきから自分を顧みるいい機会**なのです。

しかし、世の中には「しょっちゅう怒っている人」もいます。何に対しても、誰に対しても、思考が怒りの傾向にある人がいるのも事実でしょう。

歯科医として患者さんと接していると、世の中にはいろいろな人がいると日々実感しています。

とにかくいつも何かにつけ文句を言う人、いつも誰かの悪口を言っている人など、スタッフも困惑するほど「困った患者さん」も、ごく稀《まれ》にいらっしゃいます。

しかし、私はこういう患者さんこそ、誰よりも寄り添ってあげたくなってしまいます。なぜなら、**こういう人こそ本当は優しくされたい人**だからです。「困った人」「イヤな奴」といわれる人は、どこへ行ってもそういうレッテルを貼られて生きています。

だからこそ、人一倍、愛に飢えています。

そういう人ほど、優しく寄り添ってあげると、反応は一変します。

最初は文句しか言わなかったのに、施術が終わるころには、「いつも怒っているイヤな人」から「穏やかで優しい人」に変わっている。そんな患者さんを、いままでたくさん見てきました。

だからこそ、相手にカチンときたり、怒りを覚えたときこそ、相手に寄り添う習慣を身につけましょう。そういう意識をもてば、感情をぶつけて後悔したり、相手を変えようと悩んだりすることはありません。

あなたがすべきことは、まずは相手の心に寄り添うことです。

相手の言動ではなく心を見て、相手が本当に欲しいことをしてあげましょう。

怒りの感情をプラスに変える

怒ることで生まれるメリットは何ひとつない!

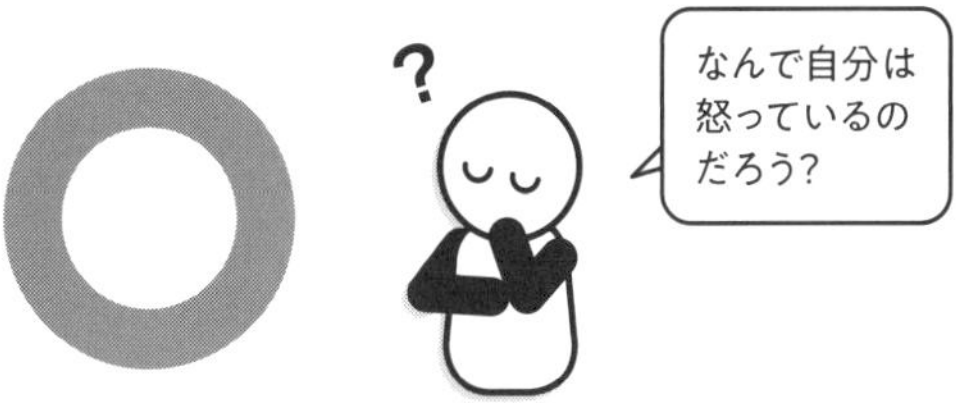

怒るということは、自分を顧みるいい機会になる!

06 習慣

やっては いけない！

つらい過去を引きずる

これで うまくいく！

つらい過去に感謝する

「水が入ったコップのなかに、青いインクを1滴たらします。その水を透明な水に戻すにはどうしたらいいと思いますか」

潜在意識に関する話をするとき、わかりやすい例としてこの質問をよくします。

答えは、透明な水をたくさん注ぎ続けること。

そうすることで、自然にコップの水はきれいな透明な水に戻ります。

つらい過去というのは青いインクです。

青色のインクを消すためには、透明な水、つまり楽しいことをし続ければいい。

人の心は、この水の入ったコップと一緒でとてもシンプルな構造でできています。

「つらい過去を引きずる」という状態は、青く濁《にご》った水に浸り続けていることを意味します。

青く濁ったコップのなかから見る景色は、すべて青く見えるでしょう。

コップの外で起きている楽しい出来事も、青いフィルター越しに見ては、楽しいとは思えません。

そんななかにいては、誰が見ても魅力的ではありません。

だからこそ、楽しいことをたくさんして、透明な水に戻しましょう。

たとえば、大好きな人と別れ落ち込んでいても、その後、さらに素敵な人と付き合うことになったら、あなたはつらい過去を引きずるという状態にはなりません。

これと同じように、**すべての挫折や苦労もそれ以上に楽しいことをたくさんすれば、「過去を引きずる」という状態から簡単に抜け出せるのです。**

かくいう私も、高校受験を失敗した経験があります。

中学生のとき、成績はトップクラスだったので、有名な進学校の受験をすすめられました。自分でも余裕で受かると思っていました。

しかし……結果は不合格。

一転、天国から地獄へ落とされました。

滑り止めの高校へ入学するもショックから抜け出せず、入学式から3か月間、高校に行くことができなかったのです。

「このままではいけない」と気持ちを切り替え、結果的に高校へ通いはじめることができましたが、いま思えば、**あのときの挫折こそが、いまの自分をつくる源**であったと実感します。

あのときの「学校へ行かない3か月間」というのは、いま経験しようとしてもできない経験です。

そんな時間を試行錯誤して過ごしたことにより、

「いかなるときも調子にのってはいけない」

「やるべきことはコツコツやってこそ血肉になる」

という学びを得ることができました。


豊かな人生を手にするには、あなた自身の経験から学ぶこと以外ありません。

あなたが思う「つらい過去」とは、あなたの人生に必要な貴重な経験です。

その経験を得たあなたは、そこからかならず幸せを手に入れることができる、価値ある人であることを忘れないでください。

07 習慣

やってはいけない！

現状維持で満足する

これでうまくいく！

つねに「足りないものは何か？」と考える

世の中には、2つのタイプの人が存在します。

「進化を恐れない人」と「進化を恐れる人」です。

進化を恐れない人は、時代がどうであれ、自然と変化を取り入れることができる人です。

反対に、進化を恐れる人は、現状維持することに必死で、それが一番いいと思っています。

流れの速いこの時代では、物事の価値はどんどん変化しています。

そんな世界のなかで、**ずっと同じやり方をしているようでは、現状維持どころか、後退しているといっても言い過ぎではありません。**

あなたのまわりにも少なからず、現状維持をして満足している人がいるでしょう。

そういう人は「ひとつのことを貫くことこそ、いいことだ」と思いながらも、じつは心の奥底で変化することを恐れている可能性が高いです。

いまのこの日本で、やり方を変えないことを重視しているのは、ビジネスという意味でも、人の成長という意味でも、誤った考え方であることは周知の事実です。

筋トレにたとえると、年齢とともに変化する身体を知らず、何年も同じ筋トレをしているようなもの。それではいくら続けていても効果が出ません。

年齢とともに変化する身体をきちんと把握し、それに合わせた筋トレをすることで、よい筋肉をつけることができます。

それなのに「**このトレーニングがもっとも自分に合っている**」**などと思い込み、同じトレーニングを続けているようでは、逆に身体を痛めてしまいます。**

それが、現状維持をしているようで後退しているよい例です。

ビジネスにおいては、どれだけ時代のニーズに合わせられるかが問われます。

いかにすばらしいサービス、よいコンテンツであれ、時代に合ったイノベーションを取り入れなければ間違いなく売れません。

いま足りないものは何か、市場の需要は何なのか。

つねに自分のサービスやコンテンツを疑う目をもちましょう。

そういう習慣が身についていれば、おのずと現状維持に満足することはなくなるはずです。

08

習慣

やってはいけない！

自信は他人から与えられるもの

これでうまくいく！

自信は自分自身でつくっていくもの

自信がもてない人ほど、社会的な評価にこだわります。

「こんなにがんばったんだからもっと認めてほしい」とか「あれだけ努力したんだからもっと褒めてほしい」が口癖の人ほど、自信がありません。

むしろ自信のなさを他人の評価で埋めようとするから、こういう言葉が口に出てしまうのです。

自信とは他人から与えられるものではありません。

あなたに自信を与えてくれるのを待つほど世間には余裕もありませんし、かりにあなたが何かを成し遂げたとしても、いつ誰がすばらしい評価をくれて、自信をつけてくれるかなんてわかりません。

だからこそ、**自信は自分自身でつくるしかないのです。**

世の中には自信がないことに悩んでいる人がたくさんいます。

理由はそれぞれですが、多くの人は、自分を好きになれないことから、自信がもてないと感じているのではないでしょうか。

しかし、自分を好きになれないというのは、「(自分はもっとできるはずなのに)現実がともなわない」と思うことが理由である場合が多いです。

つまり「自分を好きになれない、自分を認められない」という人こそ、本当は自己評価が高いのです。

それなのに、なぜか「他人から認めてもらえれば、自信がつく。自分のことを好きになる」と思い込んでいます。

そういう人は、誰に何を言われても自信をつけることができません。
なぜなら、本当は自己評価が高いのですから、少し褒められたくらいでは自信をつけることにつながらないのです。であればなおさら、自分で自分を認めること以外、自信をつける方法はないのです。

潜在意識という観点から話をすると、**自分を好きになるためには、まずは自分のことを自分の言葉で褒めることが非常に効果的です。**

「私って、かわいい」
「俺ってすごい！」

毎日1回でも、そうやって自分を褒めてあげましょう。
たとえそう思っていないとしても、自分を自分で褒める言葉を口にすることが潜在意識へと刷り込まれ、やがて自信へとつながっていきます。

あなたという人間を扱えるのは、あなたしかいません。

上司でも友だちでも恋人でも家族でもない。あなたひとりしかいないのです。

他人からの評価を待つということは、あなたの人生を他人にゆだねていることになります。

自分の人生を、他人任せにするなんて馬鹿らしいと思いませんか。

自信をつけたいと思うなら、毎日ひと言でもいいから「僕は今日も1日がんばった」と鏡を見ながら言う習慣を身につけましょう。

そんなひと言が、やがて大きな自信へとつながることを実感する日が、かならず来ます。

09 習慣

やってはいけない！

コンプレックスに苦しんでいる

これでうまくいく！

コンプレックスこそが魅力である

美容治療をしている知り合いの皮膚科医が、こんなことを言っていました。

「目を大きくしたり、鼻を高くしたりすれば、キレイになれると思っている方がとても多い。もちろん、その希望に応えるのが私たちの仕事ですが、それよりもいかにシンメトリー（左右対称）であるかのバランスが大事です」

たしかに「本当の美しさとは、シンメトリーであること」と言われています。パルテノン神殿などもシンメトリーであるからこそ、美しいとされています。

しかし、建物と人は違います。

パーフェクトでない部分がその人の個性であり、そこが魅力です。

あのマリリン・モンローは、顔の輪郭やパーツは完璧なシンメトリーですが、左頬のホクロがあることによって美しさが引き立ちます。

つまり、完璧ではないからこそ、そこに個性や価値が生まれるのです。

しかし、**多くの人は人と比べて違う部分を「コンプレックス」と認識しています。**

私もコンプレックスがないわけではありません。

男性にしては声が高いので、低く渋い声で話す人を見るたびに「低くていい声だったらいいなあ」と思っていました。

しかし、私のセミナーに足を運んでくれるお客さんに、「井上先生の声って、見た目とギャップがあっていいですね。想像以上に明るい声でとても好感をもちました」と言われたことで、「この声が私の個性なのだ。この声でよかった」と思うようになりました。

つまり、**コンプレックスは他人から見たら、ほかならぬあなただけの魅力である可能性が高いのです。**

パナソニックの創始者である松下幸之助さんも、納税王と呼ばれる斎藤一人さんも「私は学歴がないから成功した」と言っています。

彼らが学歴コンプレックスをもっていたら、成功はなかったでしょう。

さらに、**コンプレックスは人間関係においてプラスに作用**することがあります。

たとえばプレゼンなどでも、自信満々で堂々と話をする人よりも、緊張しながらもがんばって話をする人のほうが好感度は高いです。

弱みやコンプレックスを開示することが、相手にとってプラスに働くことが往々にしてあるのです。

であれば、相手に好意をもってほしいときこそ、自分のコンプレックスを相手に伝えれば、相手との距離を縮めることができると思いませんか。

つまり、コンプレックスはあなたに標準装備された大きな武器なのです。

障害をもっている人でも、その障害を価値と捉え、才能に変えている人はたくさんいます。

コンプレックスがあるからこそ、がんばるきっかけになるし、原動力になります。

コンプレックスをどう捉えるかは自分次第です。自分で勝手につくり上げた根拠のないものに苦しむ必要など一切ありません。

10 習慣

やってはいけない!

感情は控えめがいい

これでうまくいく!

感情は少し大げさに表すくらいがいい

あなたが不安を抱えながら歯科医院に行ったとしましょう。

そのとき、

「今日はどうしましたか。あ、はい、では今後はこのように治療していきますね……」

とボソッと言われるのと、

「とにかくお任せくださいね。大丈夫ですよ、安心してくださいね」

と笑顔で言われるのとでは、どちらがいいでしょうか。


聞かれるまでもなく後者のほうがいいはずです。

そう言われると明るい気持ちになれますし、そういう歯科医院ならまた行こうと思うでしょう。

つまり、よいコミュニケーションは人を呼ぶのです。

私は歯科医院のスタッフにいつもこう伝えています。

「診察室の元気は2倍、寝起きの電話は3倍でいこう」

患者さんは、不安や恐怖の感情を抱きながら来院する人もいるので、そんなときこそ、スタッフが明るい対応をして、その不安を取り除いてあげる必要があります。

だからこそ、寝起きの機嫌が悪いときさえ明るく対応するという気持ちをもてたら、診察室にいてもかならず元気で明るくいられます。

スタッフみんながつねにそういう習慣をもつようにと、声をかけています。

そもそも機嫌とは自分の心が決めているものです。

「いつも前向きでいたい」「元気になりたい」と思うなら、多少強引にでも明るい言葉を使い、笑顔でいればおのずと元気が出ます。

自分の機嫌は自分で決められることを知っていれば、自分を自分でコントロールする習慣が身につきます。

歯科医院のスタッフが明るいと患者さんも明るくなるように、機嫌は伝染します。無感情・無表情でいては、相手とよいコミュニケーションは取れませんし、信頼関係を築くこともできません。

あなたがネガティブでいれば、その思いは簡単に相手に伝わってしまいます。でであれば、誰かと話をするときは、多少なりとも大げさに自分の気持ちを上げることが相手のためにもなります。

これは恋愛のシーンでも同じです。

たとえば、パートナーからサプライズでプレゼントをもらったとき、あなたはどんな反応をしますか。

ただ「ありがとう。うれしい」と言うのと、「うれしい！　何をくれたの？　いま開けていい？」のように、多少オーバーに喜びを伝えるのでは、相手の反応は大きく変わります。

人は与えられるより、与えたほうが満足度は高いというデータもあります。ということは、**あなたが喜ぶことで相手はさらなる幸福感に包まれます。**

であれば、相手のために、多少なりともオーバーリアクションで喜びを伝えましょう。相手が幸せな気持ちに満たされていれば、あなたも幸せに包まれるでしょう。

このように、お互いがお互いを喜ばせることを意識すれば、深い関係を維持することができます。

第2章

やってはいけない
時間術

習慣 11

やってはいけない！

「人生は長い」と思っている

これでうまくいく！

「時間は有限だ」と知っている

「大好きな人といると、時間があっという間に過ぎてしまう」

そんな感覚を、誰でも一度は経験したことがあるでしょう。

人は楽しいことをしているときに、時間を忘れます。

好きなドラマや映画、本を読んでいるときあっという間に時間が過ぎてしまうのも、時間より感情が勝っているためです。つまり、**時間は感情には勝てません。**

あなたがもし、会社にいるとき「あっという間に終業時間になってしまう」「時間が足りない」と感じるなら、仕事に夢中になっている証です。

反対に「早く時間が過ぎないかな」「なかなか時間が経たない」と思っているなら、仕事がつまらない、退屈だと思っていることがわかります。

ともすると、**「人生って長いなあ」と感じるのは、退屈な人生を過ごしていることを意味します。**退屈な人生とは、ひと言でいうと「目的がないこと」です。

人は目的や夢があれば、それを叶えた自分をイメージし、ワクワクします。

しかし、目的もなく惰性で生きていると、当然ながら楽しくありませんし、夢を抱くという欲すらありません。

時間は有限です。

どんな人にも平等に与えられたこの時間を**惰性で過ごすか、楽しく生きるかは、あなた自身が決めることであり、その選択はいつでも自由です。**

とはいえ、私も若いころは「時間は有限だ」と言われてもピンときませんでした。

しかし、30代のときに遭った大きな事故をきっかけに、「人はいつどんなことが起こるかわからない」と実感しました。

誰もがみんな「自分は1年後、10年後、30年後も生きている」と信じています。

しかし、私くらいの年齢になると、若くして亡くなる方もたくさん見てきました。

彼らだって、きっと80、90歳まで自分は生きると思っていたはずです。

死はつねにあなたの身近にあります。

だからこそ、時間は有限であることを意識しなければなりません。


いま、世界で起きている未曾有のウイルスも、数年前、誰が想像できたでしょうか。

身近な人を亡くしたり、職を失ってしまったりと、誰もがそんな状況が訪れるなど想像していなかったと思います。

何十年かけて積み上げてきたものがウイルスにより奪われてしまう。

そんなことが現実に起きている世の中だからこそ、いまというこの一瞬をどう生きるかがとても大切です。

いまがどんな状況とて、この一瞬の延長線上に未来があります。

ですから、「**人生は長い。まだまだ時間はある**」**と悠長なことを考える暇はないはずです。**

そして、**「その年齢だからできること」があるのも事実です。**勉強もそのひとつ。

もちろん何かを学ぶことは何歳になってもできますが、若いときに学べば学ぶほど、大きな好奇心とエネルギーを生むことは確かです。

同じことを50代で学んでも、若いときの集中力やエネルギーにはかないません。学んだことを吸収し、そこから探求する。学んだことを深く取り入れることができるのは、やはり若いからこそ成し得ることです。

「人生100年」と言われるなかでは、誰もが当たり前のように「自分は100歳まで生きる」と思っています。

しかし、残念ながらみんなが100歳まで生きるはずがありません。

誰でも1年後、10年後、ましてや明日、絶対に生きているとは言い切れません。

そう考えれば、いまこの1分1秒の大切さに気づくはずです。

私はいま50代ですが、若いころからずっと、大事な時間を有意義に使うという習慣が根づいていました。

たとえば、30分の空き時間があれば「読みかけの本を読了しよう」とか「この15分でこの資料を作成しよう」「あと10分だけ集中して原稿を書こう」のように、時間を大切にするための行動が習慣化しています。

エレベーターを待っている数十秒ですら、お腹の筋肉を意識して動かしてみたり、アイデアを考えたりしています。

それはつまり、二度と来ない「いまこの瞬間」を貴重なものとして扱っていることの表れです。

たとえばビジネスシーンでも、つねに時間を意識して行動している部下と、終業時間までダラダラ仕事をしている部下がいたら、前者のほうが評価は高いです。

「あいつはやる気があるな」「次の企画は彼に任せてみよう」といったチャンスが巡ってくるのも、効率的な時間の使い方ができているからこそ成し得ることです。

であればなおさら、時間は有限と知り、いまこの瞬間をベストに生きましょう。

時間を大切にするという意味でも出世や目標実現という意味でも、時間の使い方こそが、あなたの人生を左右する源なのです。

人生を長いと感じるか、短いと感じるか?

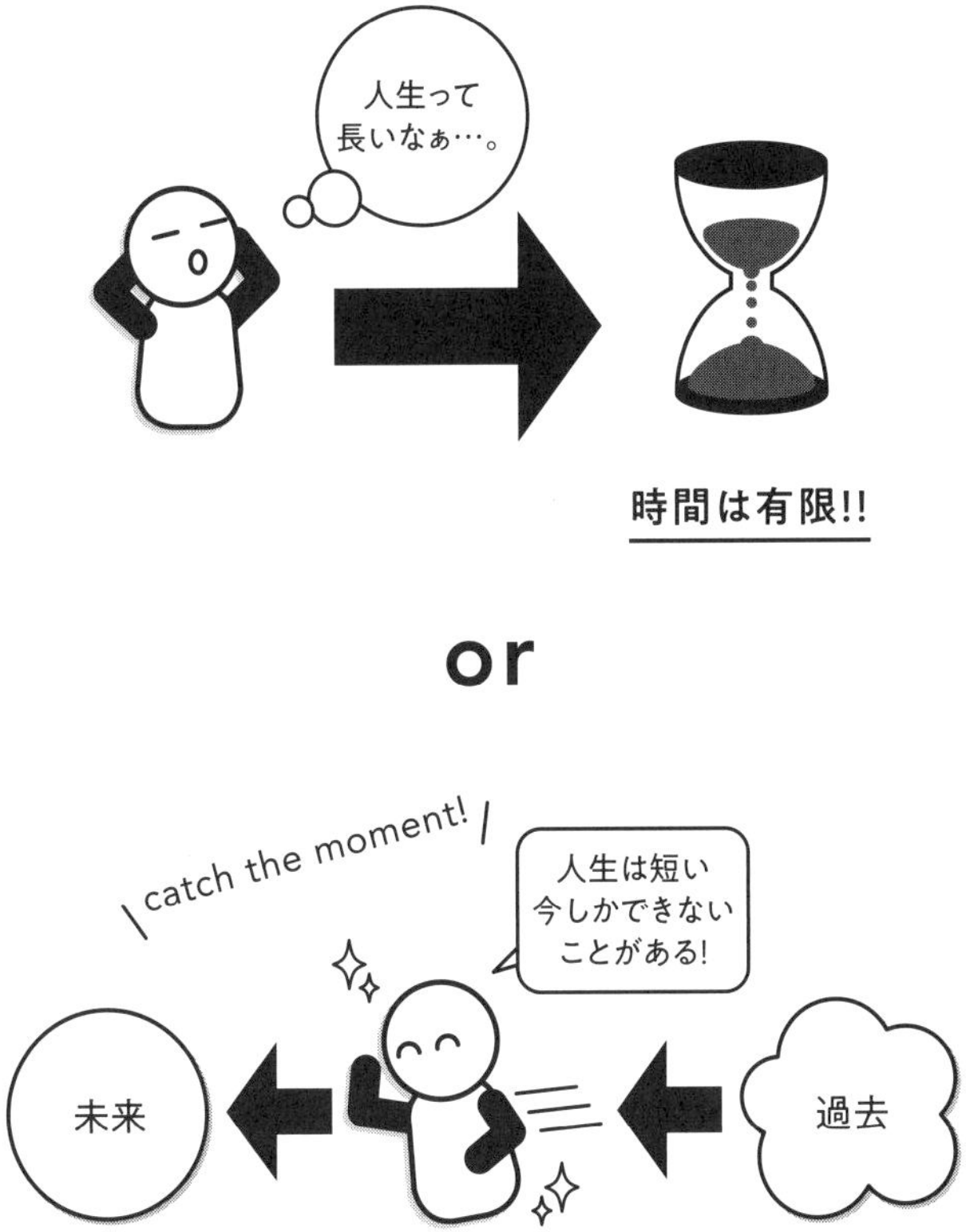

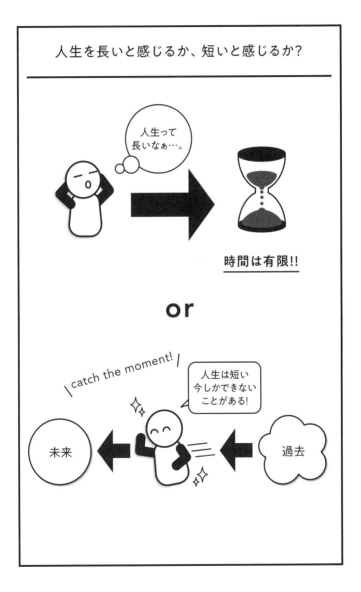

習慣 12

やってはいけない！

あれもこれもがんばろうとする

これでうまくいく！

つねに優先順位が明確

あなたは朝、どんな行動をとっていますか。

そう聞くと、

「いつも寝坊しがちで、駆け込み乗車は当たり前」

というタイプと、

「ゆとりをもって行動する」

の2つのタイプに分かれると思います。

そして、この**朝の行動こそ、あなたの仕事のやり方を表しています。**

詳しく言うと、

【バタバタしてしまうタイプ】
↓あれもこれもやろうとがんばってしまうタイプ
【余裕をもって行動するタイプ】
↓優先順位に沿って行動するタイプ

あれもこれもやろうとするタイプは、自分の価値・目的と、それに対してどういう成果が欲しいのかが明確ではありません。

だからこそ、目の前のものをすべてやらなくてはいけないと思い、バタバタしてしまいます。


一方、目的意識をもって行動している人は、何をするにも優先順位が明確です。

やるべきこと、やらなくていいことが明確であるから、行動もスマートで余裕があります。

どちらがいいかは言わずもがなですが、いま一度、あなた自身の行動を見直してみてください。

かくいう私は、すべての物事に、無駄なことはひとつもしたくないと思いながら行動することが習慣化しています。

何時に寝たとしても、かならず6時には起きますし、朝食もほぼ決まったものを食べ、そのあとのトレーニングメニューまで決まっています。

「今日はトレーニングに行こうかな?」「今日は何を食べようかな?」という選択肢はもちません。**迷っている時間が無駄です。**

やるべきことが明確な私とは対照的に、世の中には「あらゆることを自分でやらないと気が済まない」という人もいます。

たしかに、いろいろなことに興味をもち、自分でやってみるのはいいことです。

しかし、**その先にどんな目的があるのか、行動の選択があいまいになりやすいというデメリットもあります。**

私は仕事においても、人間関係にしても優先順位が明確です。

たとえば、どんちゃん騒ぎするだけの飲み会やパーティに誘われても、丁重にお断りをします。

なぜなら、その先に意味がないからです。

そう行動することが習慣づいているので、いまや誘われることも減りました。

そういう行動によって当然付き合う人は限られてきますが、そのほうが人間関係が良好でストレスはありません。

つまり、優先順位を明確にすることが、自分の望むライフスタイルをつくる礎《いしずえ》となっていることは間違いないのです。

しかし、あなたが会社員である場合、そう簡単に優先順位を決められないこともあるでしょう。

その日にやるべきタスクが5つあったとして、すべてが急ぎの案件という場合もあります。

そういうときこそ、楽しい、やりたいと思うものからはじめましょう。

人は楽しいこと、やりたいことに対しては一生懸命取り組みます。

逆に、やりたくないことは仕事の効率が下がります。

つまり、**あなたがやりたいと思うことを最優先すれば、時間の短縮になりますし、モチベーション維持につながります。**

言われたことを言われた順番にやるのは、正しい方法ではありません。

言われたことのなかでも、自分のなかで優先順位をつける習慣をつけましょう。

すると、自然に、自分がやりやすい仕事の仕方や、望むライフスタイルをつかむことができるようになります。

優先順位をつねに明確にしよう!

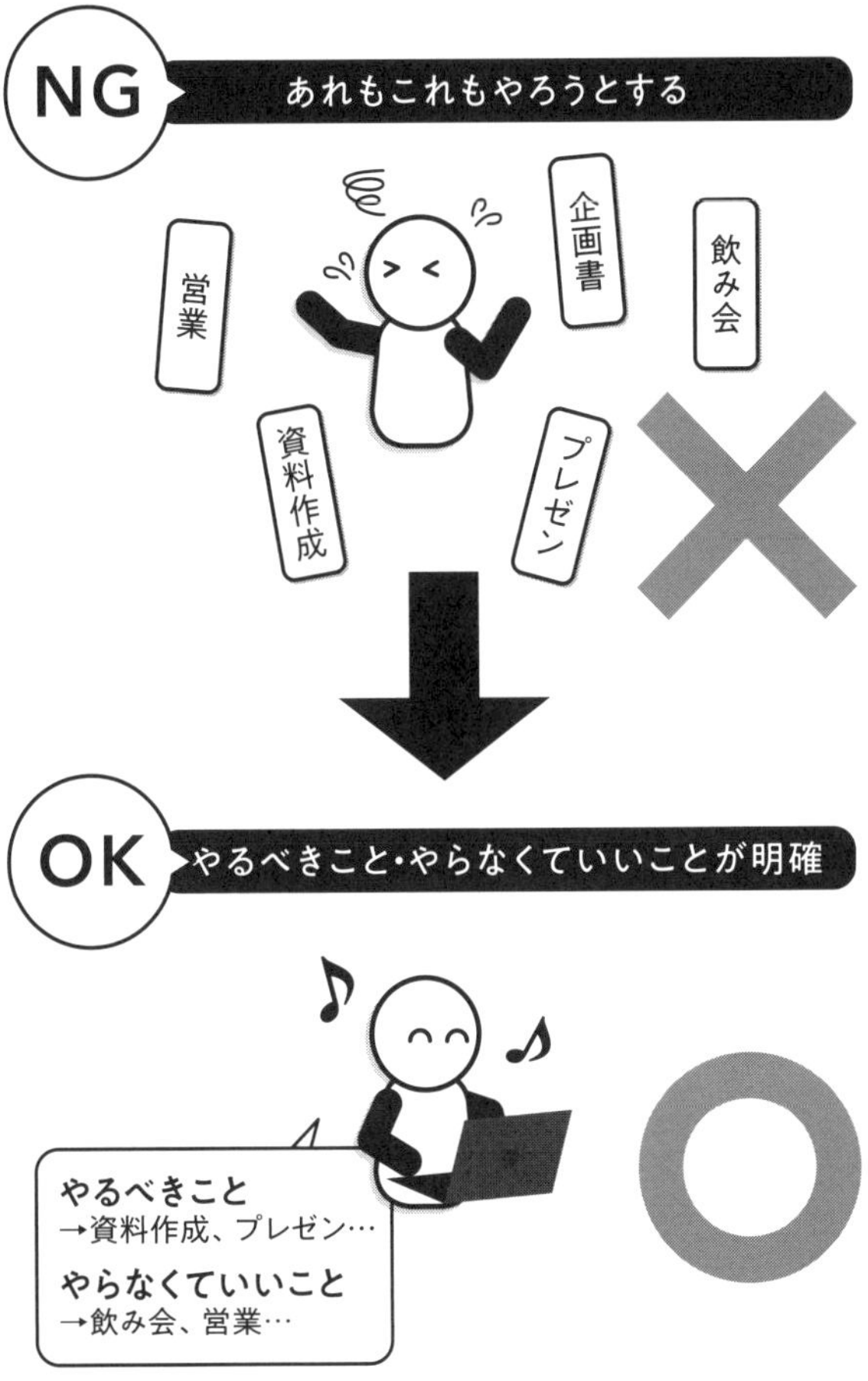

13 習慣

やっては いけない！

「出会い」のために時間を使う

これで うまくいく！

「大切な人」だけに時間を使う

人は日々、さまざまな人と出会いながら生きています。

誰と出会うかで人生が変わることもありますが、**出会った人すべてを大切にするほど、あなたに時間はありません。**

だからこそ、本当に大切な人だけに時間と愛情をかけるべきです。

もちろん、家族や仕事仲間、パートナーがもっとも大切と思う人も多いですが、友だちや知り合いに関しては、**その出会いが将来資産になるかどうかで付き合い方を決**

めることがとても大切です。

将来資産になる人とは、あなたのミッションやビジョンに対してプラスに作用する人のことです。

そう言うと、「人を損得勘定でしか見ないなんて……」と思われるかもしれませんが、実際、人脈を広げれば広げるほど、本当に大切な人を大事にすることができなくなります。

出会いを求める人ほど、本当に大切な人を失う可能性が高い。

つまり、大切な人を大切にするために、人間関係の選別は必須なのです。

私は同業である歯科関係者と交流が多いと思われがちですが、私が親しい人たちは別ジャンルの人がほとんどです。

美容皮膚科医や上場企業の経営者など、本業とは関係ない異業種の人の話を聞くことがとても新鮮であり、私の思考に新しい風を吹かせてくれます。

人は共通点がある人と仲よくなりがちですが、**まったく違うジャンルの人と話をすることは、あなたの知識を増やすことにつながります。**

そういう視点で付き合う人を決めるという意識がある人こそ、時間を有効に使うことができますし、本当に大切な人のためだけに時間を使うことができる人なのです。

14 習慣

やってはいけない！

隙間なしの時間管理で動くほうがいい

これでうまくいく！

スケジュールはあえて「ゆるく」管理する

私は隙間時間がない仕事の仕方はしません。

つねにタイトスケジュールですと、突然なにか大切な誘いがきたときに受けることができません。

だから、あえてゆるくスケジュールを組むようにしています。

しかし、そのことはおおやけにはしません。

なぜなら、**人は忙しそうな人を応援したくなるからです。**

たとえば、会社のなかで「いつも忙しそうにしている人」と「いつもヒマそうにしている人」では、好感度はどちらが高いでしょうか。

その人が実際、何をしているかわからなくても、多くの人は忙しそうにしている人に好意を抱きます。

社会で生きていくことは、あなた自身の「見せ方」を意識し行動することがとても大切です。

何はともあれ共感される行動をとりましょう。

どれだけ仕事ができなくても、一緒に仕事をする人たちから共感を得ている人のほうが評価されます。

少し前の日本は、「新人が上司より先に帰るなんてあり得ない」「新人は休日出勤が当たり前」という会社もありました。

言いかえれば、残業したり休日出勤をしたりすれば、安易に「あいつ、がんばっているなあ」と思われたのです。

つまり、がんばっているアピールの仕方がシンプルでした。

しかし、いまは社会的に残業をしないことが推奨されています。

だからこそ、何より「見せ方」が大事です。

もちろん、会社のために一生懸命働くことは素晴らしいことです。

しかし、月曜日から金曜日までフルスロットルで動き続けることは体力的にもむずかしいでしょう。

であれば、**やるべきことはやりつつ、余裕あるスケジュールを組むことがとても大切です。**

そもそも、精度の高い仕事に必要なのは集中力です。そこに長い時間をかける必要はありません。

「時間をかけてこそいいものができる」と信じている人がいるのも事実です。

目の前に電動のこぎりがあっても、なぜか手挽《てび》きののこぎりで木を切ろうとするような人は少なからずいます。

そういうアナログな方法を押し付ける人は、他人の時間を奪うことに罪悪感を持っていませんし、時代に合ったイノベーションを取り入れられません。

何度も言いますが、あなたの時間は限られています。

だからこそ、最短最速で最大の成果を出すために必要なのは、短時間の集中力です。

やるべきことの優先順位を明確に、そして集中して仕事をしましょう。

さらに、仕事が早々と終わったとしても、忙しそうにふるまうこと（ただし、「忙しい」と口に出して言うのは、自己エネルギーを下げるので、やめておいたほうがいいです）。

つねに、自分がどう見られるかを意識しながら、行動する習慣を身につけましょう。

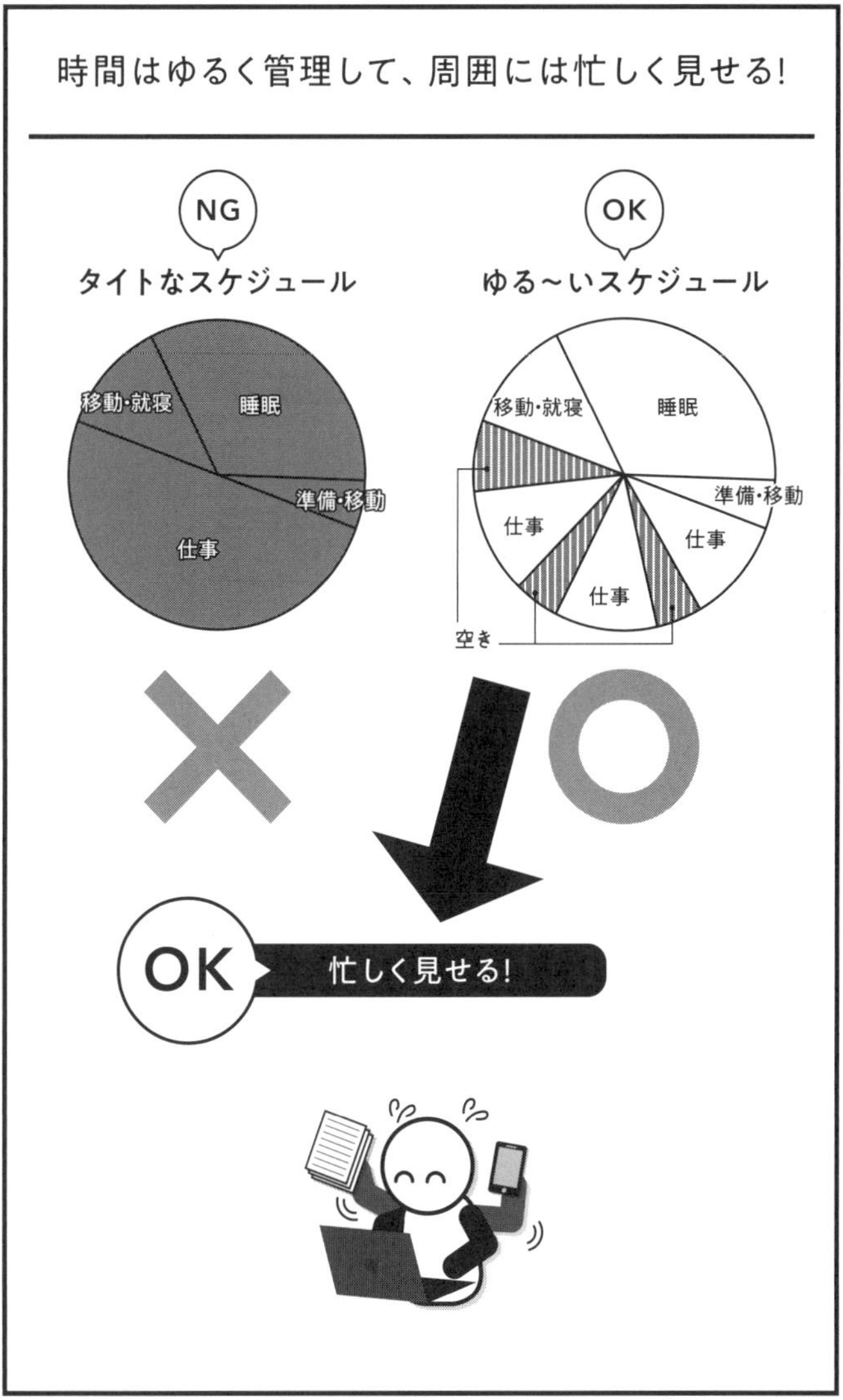
時間はゆるく管理して、周囲には忙しく見せる!
NG
タイトなスケジュール
移動・就寝
睡眠
準備・移動
仕事
OK
ゆる〜いスケジュール
移動・就寝
睡眠
準備・移動
仕事
仕事
仕事
空き
OK
忙しく見せる!

15 習慣

やってはいけない！

何度も計画を立て直す

これでうまくいく！

計画を立てたら、一気通貫に突破する

計画を立て直すことはよいことだと思われがちですが、私はそうは思いません。なぜなら、**途中で立て直すような計画は、最初から計画の立て方が間違っているからです。**

たとえば家を建てるとき。建てている途中で「おかしいと思ったから計画を立て直す」なんてことはあり得ません。建てると決まった時点で緻密《ちみつ》に計算し、建築プランを立てるから、そんなことにはならないのです。

好きな女性と付き合いたいと思ったときも同じです。

告白をする前に、どうアプローチすればいいか、何を言ったら嫌われるかを自然と考えるでしょう。

そして、彼女がどんなものが好きなのか、どんなデートならOKしてくれるかと計画を立てるはずです。

そのとき、「とりあえず告白してみて、断られたらアプローチ方法を考えればいいか」とは思いません。


ビジネスにおいても同じです。

営業職であれば、何かを売りたいと思うとき、まずは顧客へのアプローチ方法を考えますし、世の中やお客さんのニーズを考慮し、そのうえでどうしたらよさを理解してもらえるか、買ってもらえるかを考えます。

それが緻密なプランであればあるほど、うまくいく。

「途中で変更すればいいか」という安易なプランでは達成できません。

つまり、最初のプランが完璧であれば、変更や修正する必要などないのです。
決めたことを実行に移すだけで、スムーズに計画は進みます。
それこそ、やるべきことが明確であり、時間に無駄がありません。

もしあなたが、計画を何度も立て直したり、変更を繰り返したりしているというのであれば、一度その計画を根本的に見直しましょう。
その際、必要なのは、

そもそもなぜ、その計画は必要なのか。
最終的な目的は何なのか。
まわりに影響されすぎていないか。

こう自問自答したとき、明確な答えが出ないなら、いったんそのプランは白紙にし、最初から計画を練り直すことをおすすめします。

同じように、「夢や目標に向かって計画を立てても、そこまでなかなか届かない」とか「やりたいことをがんばっても挫折しがち」と悩んでいるのなら、いったんそこから離れてまったく別の世界に触れましょう。

すると、その**目標に対し、客観的に見ることができますし、いままで考えもしなかった新しい思考が生まれたりします。**

よく「とりあえず動きながら決めればいい」とか「まずは行動することが大事」と言われますが、**とりあえずやってみて、失敗してからやり直すほど、時間やお金に余裕がある人ばかりではありません。**

だからこそ、見直す必要がある計画を立てるのはやめましょう。

無駄な時間・労力・お金をかけないために、最初から緻密な計画を立てましょう。

それこそが、シンプルに計画を実行する近道です。

16

習慣

やってはいけない！

苦手なことでもがんばって挑戦する

これでうまくいく！

苦手なことは人にお願いする

「がんばっている自分が好き」という人がいます。

がんばることがよいことだと信じており、何事にもひたむきに取り組みます。

しかし、**時間の使い方という視点では、自分が不慣れなことや苦手なことと格闘するのは、大事な時間を奪われているだけでなく、エネルギーさえも消費させます。**

たとえると、土砂降りのなか靴が濡れるとわかっていながら、がんばって泥道を歩くようなものです。

そういう人はあえて苦労をする道を選ぶ習慣が根づいており、そんな（がんばっている）自分に酔いしれています。

他人から見たら、

「なぜあの人は長靴をはかないのかしら？」

と、不思議がられ、要領の悪い人だと思われることもあるでしょう。

しかし、がんばっている本人は、「こんなにがんばっているのに、なぜ評価されないのか」と不思議に思っています。

つまり、**苦手なことに時間をかけてがんばっている人ほど、「自分が見えていない」という現実があるのです。**

自己啓発本やビジネス書などを読むと、きまって「自分の強みを知ろう」とか「自分の好きなことを仕事にしよう」と書かれています。

「自分の強みを仕事に生かすことがビジネスを成功させるコツ」などという言葉を信じ、好きなことで起業・副業をしはじめた人もいると思いますが、そういう人こそ、現実の壁にぶつかっている人がほとんどです。

好きなことを選んで仕事にするだけでは、成功はしません。

なぜなら、**本当に知るべきことは「強み」ではなく「苦手なこと」だからです。**

自分の苦手なことを知らずして、強みを生かすことはできません。

そう言うと、やったことがないことを「苦手なこと」と考えてしまいがちですが、それも違います。

苦手なことというのは、**一度挑戦してみたもののやっぱりできなかったこと、時間がかかってしまうことです。**

たとえば、計算が苦手だとしましょう。

経理という仕事がどれだけ大変かを理解したうえで誰かに仕事をお願いするのと、経理の仕事内容がどんなものなのかまったくわからないまま仕事をお願いするのとでは、お願いの仕方もありがたみも変わってきます。

一度挑戦してどんな内容だか把握しているからこそ、やってくれる部下に感謝ができますし、明確な指示や指摘ができます。

自分がやったことがないからと、気軽に人に頼んでしまえば、できあがったものに対して評価ができません。

ビジネスというのは、どんな仕事であれチームプレーです。

だからこそ、苦手なことを知り、それを誰かにお願いする習慣をつけ、効率よく仕事をすることがとても大事です。

17 習慣

やっては いけない！

いま売れている本ばかりを読む

これで うまくいく！

ロングセラーの名著を読む

向上心がある人ほど、つねにどんな本が売れているかをチェックし、それを仕事や人間関係に生かそうとします。

たしかに、いまどんな本が売れているかを知れば、世の中のニーズがわかりますので、それはある意味正しいことです。

私自身も作家である以上、どんな本が売れているか気になりますし、お付き合いのある出版社の方に新刊をいただくことも多いので、そのあたりは把握しているつもりです。

しかし、いま売れている本といってもたくさんあります。

1週間後にはランキングはガラリと変わりますし、たとえ1位になっても、数か月後にはランキングのコーナーから消えている本もたくさんあります。

年間7万冊以上が新刊として出版されているわけですから、それもある意味仕方のないことですが、それならなおさら、**つねに売れている本を追いかけ続けるのは、現実的にむずかしいこと**だと思いませんか。


私は歯科医と作家という2つの仕事を主軸に仕事をしており、それだけ聞くととても忙しい人だと思われがちです。

しかし、さきほども書いたとおり、あえてゆるくスケジューリングをしているので、みなさんが思うほど忙しくありません。

1日のなかでも少しくらいはくつろぐ時間はありますし、そういう時間があるからこそ、働くときのパフォーマンスが上がります。

たまのリラックスタイムに本を読むことが多いですが、「これは売れているから絶対に読もう」と思って、本をチョイスしたことはほとんどありません。
なぜなら、ベストセラーだからといって、よい本とは限らないからです。

日本は同調社会なので、「売れている本が売れる」という思考が根づいています。「みんなが読んでいるから、私も読まなきゃ」「みんなが面白いと言っているから、面白いに違いない」と思い、本を選ぶ人がとても多い。

しかし、たとえ**いま売れているからといって、その本がいまのあなたにとって本当に必要な本ではない場合もあるでしょう。**

そもそも本を読むというのは、意外と時間を要します。であればなおさら、あなたにとって必要な本を選ぶべきであり、それこそが、時間を有効に使うことにつながります。

私はいま売れている本ではなく、長い間売れている本を選ぶようにしています。
ロングセラーと呼ばれる本は時代が変わっても評価され続けており、普遍的な内容であることが多いからです。

また、歴史的に有名な本や世界中で何年もずっと売れ続けている本は、読んで損はないでしょう。

いま売れている本だけを読んでいては、いまのことしか知ることはできません。だからこそ、古くから多くの人に愛され続けている本は歴史を知るためにも読んでおいたほうがいいです。

そして、**いま話題の本は「深掘りする」というより、「新しい時代の雑学」として取り入れるとよいでしょう。そのバランスが大事です。**

18 習慣

やってはいけない！

学んだらすぐメモをする

これでうまくいく！

学んだらすぐリサーチする

私は昔からメモをする習慣がありません。

学生のころも、話を聞くことに集中しがちで、話を聞きながらメモをすることがむしろ苦手でした。

大人になったいまも診療の合間や寝る前に勉強をしたり、本を読んだりしていますが、そういうときも一切メモは取りません。

なぜならメモを取っても、あとで見返すことはほとんどないということを自分で知っているからです。

もちろんメモを取ることで頭のなかを整理する人もいます。しかし、私は昔からそのような習慣をもたずにいまに至ります。

その代わり、学んだことや印象深いことはすぐにリサーチするクセがあります。印象に残った言葉や人名、出来事など、その単語だけを覚え、すぐ検索します。するとその物事を深く知ることができます。

さらには、そこで知ったことをすぐに誰かに話します。そうすることで、得た知識を自分の言葉で覚え、伝えることができるのです。

多くの方は「学ぶ」というと「インプットすること」と思いがちですが、違います。**インプットしたことをアウトプットすることではじめて、その学びを得たことになります。**

たとえば歯科医の資格を取っても、一度も患者さんを診《み》たことがないのであれば、歯科医とは呼べません。

同じように、何かを学んだとしても、それを実践しなければ、本当の意味で知識を得たとは言えないのです。

私は日常生活のなかで、印象深いと思ったことはすぐ調べ、得た情報をすぐに家族やスタッフに話すことを習慣化しています。

そのとき、「△△という本にはこんなことが書いてあってね」とか、「このあいだ行った勉強会でこんなことを教わってさ」などとは言いません。

まるで自分が発見したことのように話すのです。

現に、自分というフィルターを通すことで、いつのまにかオリジナルの自分発信の内容に変わっていますし、本当の意味で学びを「自分のものにした」という感覚を得られます。

つまり、得た知識にオリジナルの思考を加え、それをアウトプットすることが、本当の意味で「自分の知識」として刻まれたことになります。

よく「ロールモデルをつくろう」「成功した人の真似をしよう」などと言われますが、私はかならずしもそうは思いません。

目指す人を参考にし、それ以外のさまざまな人の知識を学びつつ、そのなかで自分が気に入ったものだけを咀嚼《そしゃく》しながら取り入れることが、もっともあなたらしい学び方です。

そもそも、誰かの思考を真似しても、そっくりそのままあなたのものとしてインプットすることはできません。

なぜなら、人は一人ひとり性格も思考も潜在意識も違うからです。

多くを知ってこそ、物事をあらゆる側面から見ることができます。

ひとつのことだけを探求することも大事ですが、**それだけを見ていると、外の景色を見ることができません。**

それはつまり、自分の心を閉ざしていることと同じです。

情報があふれるいまは、何についてもいつでも簡単に調べることができるので、ネットで調べただけで、すべてを知ったような気になっている人も多いです。

夢や希望は、決して机上で叶いません。

学んで、発信してはじめて、あなたの血肉となります。

目的や夢があるなら、学んだことをさらに調べ、それを外へ向けて発信する習慣をつけましょう。

学びは「リサーチ&アウトプット」で自分のものになる!

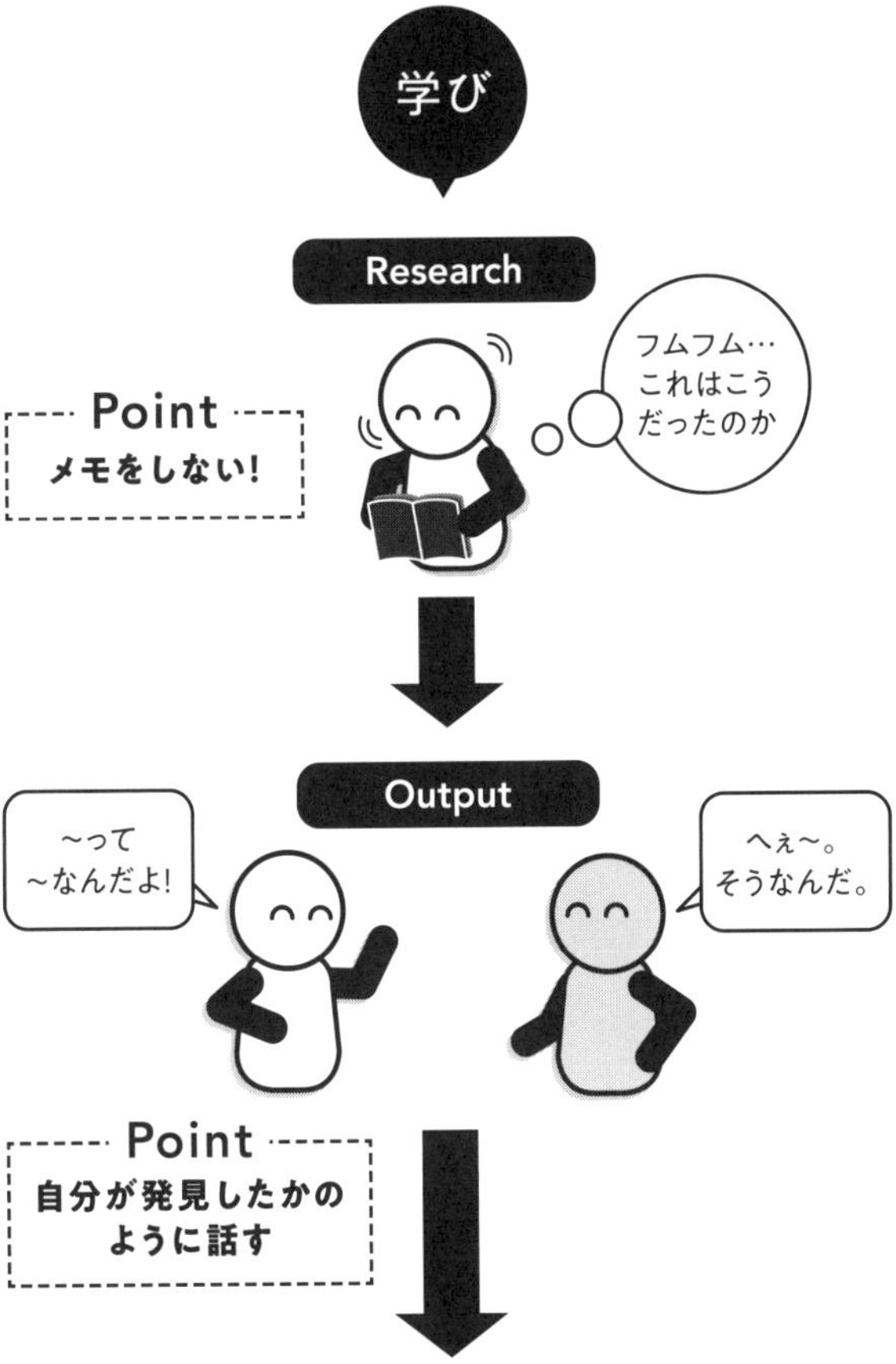

学びが「自分の知識」になる!!

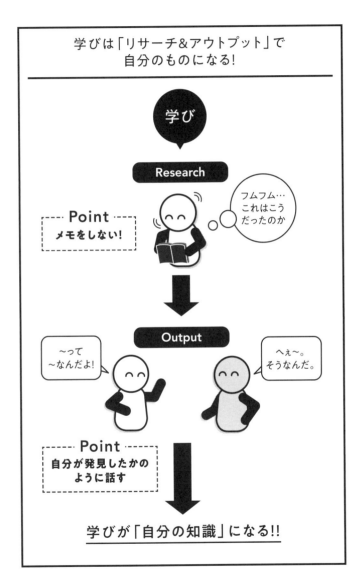

19 習慣

やってはいけない！

自分はつねに「忙しい」と思っている

これでうまくいく！

自分はとくに「忙しい」と思っていない

自分が忙しいことをやたら他人に話す人がいます。

「あれもこれもやらなきゃ」「いつまでに××をしなきゃ」など、忙しさをアピールする人は、じつは意外とヒマです。

なぜなら、アピールするだけの余力があるからです。

忙しいという文字は「心を亡くす」と書きます。つまり、忙しいという言葉にはネガティブな意味が含まれています。

ということは「忙しい」と、むやみやたらと人に言いふらすこと自体、エネルギー

を低下させています（「習慣⑭」の項目で「忙しそうに見せる」とお伝えしましたが、あちらはあくまで〝見せ方〟で、口に出すことはよくありません）。

そもそも、忙しい人には「目的が明確で忙しい人」と「目的がなく漠然と忙しい人」の2タイプが存在します。

目的が明確な人は、他人から見て忙しそうに見えても、自分で忙しいとは思っていません。

むしろ、目的に向かって進むという充実感を得ており、決して自分から「忙しい」とは口にしません。

一方、目的がなく漠然と忙しい人ほど、自分から「忙しい」と口にします。

そういう人は、みずから忙しさをつくり上げていることに気づいていません。

目的がないからあれもこれもやる必要があるので、忙しいと思うのは仕方がないことです。

当然ながら、計画を立てるという発想ももちません。だからこそ忙しいのです。

かくいう私は「忙しい」と感じたことはありません。

忙しくなるような計画を立てないこともありますが、自分がコントロールできないほどのスケジュールを立ててしまうと、スタッフや仕事仲間に迷惑をかけてしまう可能性があるからです。

「前の仕事が延びてしまい約束の時間に遅れてしまう」とか、「予定が重なってしまいキャンセルせざるを得ない」など、そういうことでまわりの人に迷惑をかけるのは、ビジネスパーソンとして失格です。

クオリティを上げるために必要以上に時間を要する場合があります。

たとえば、学会の発表などで使う資料を作成するとき、いままではそのための時間を空けてじっくり資料などをつくっていました。

しかし、最近は自分でやろうとせず、信頼できるプロにお願いしています。

無理やり自分の時間を割いてつくるよりも、お金を払えば、私がつくるより数倍もクオリティが高いものをつくってくれますし、何より時間の無駄がありません。

がんばる人ほど、すべてひとりでやろうとしますが、それは間違いです。

苦手なことは、思い切ってその道のプロにお願いすることを習慣づけましょう。それがあなたを忙しさから解放するコツです。

あなたが**「私はいつも忙しい」と感じるのであれば、必要なこととそうでないことに分ける作業をしてみてください。**

そして、誰かにふれることがあれば、思い切ってお願いしましょう。

あなたしかできないことが明確になれば、それこそがあなたの強みを発見するきっかけとなるはずです。

20 習慣

やってはいけない！

集中して長時間作業をする

これでうまくいく！

25分集中して5分休む

スタンフォード大学のオンライン講座は、30分の授業のあと、5分の休憩を設けているそうです。

たしかに、集中力に関するさまざまなデータを見ても、**集中力の限界はおおよそ25～30分**であると書かれています。

私自身の経験からすると、集中力の限界は1時間くらいかなと思っていましたが、30分やって5分休憩というカリキュラムを聞いてとてもしっくりきましたし、集中力という点でも非常に効率がよいことを実感しました。

しかし、日本でおこなわれるセミナーや講座などは、「2時間やって10分休憩」とか、「90分のセミナーなら休憩は5分だけ」といった時間配分にしていることが多いです。

時間を無駄にしたくないという思いがあるのか、休憩なしという場合もあります。

しかし、たとえ1時間のセミナーであれ、30分で休憩を入れると、想像以上にメリハリができることを実感するはずです。

つまり、**オンラインであれオフラインであれ、いったん頭をリセットすることは効率のよい集中力を生むカギなのです。**

人は集中しているとあっという間に時間が経ってしまったと感じます。

私自身も原稿を書いたり、勉強をしたりすると、気づくと数時間経っていたなんてこともありました。

「キリのいいところまで終わらせたい」「これが片付くまでは終わることができない」というふうに思ってしまう気持ちも理解できます。

しかし、25分集中して5分休憩を習慣化すると、徐々に「そろそろ25分経つころかな」と感覚的にわかるようになります。

私もそれまではタイマーをかけたり、時計を見たりしながら作業をしていましたが、25分休憩が習慣化すると、体内時計で時間の感覚をつかめるようになったのです。

つまり、**強制的にしくみ化すれば、おのずと習慣づく**ことがわかりました。

たしかに、時間は有限と理解している人こそ、休憩は無駄な時間と思ってしまいがちです。

しかし、**5分の休憩を無駄と思わないことこそ、時間を有効に活用するためのコツです。**忙しい人ほど、この習慣を身につけてほしいと思います。

第3章

やってはいけない仕事術

21 習慣

やってはいけない！

楽しいことを仕事にするべき

これでうまくいく！

最初から楽しい仕事などない

「楽しいことを仕事にしよう」という言葉をよく目にします。

たしかに、ワクワクすることを仕事にすることは、やりたくない仕事をやるよりも、あきらかに楽しいでしょう。

しかし、**どんなに望んだ仕事でも、最初から楽しい仕事はありません。**

なぜなら、仕事は「できるようになってはじめて楽しい」と感じるものだからです。

私も、自分が歯科医になれたときは、とてもうれしかったです。

しかし、いざ患者さんを前にすると、自分の無知さや経験のなさに気づかされることがたくさんありました。だからこそ、少しでも知識を身につけようと、さらに勉強に励みました。

わからないことや気になることは帰宅してすぐに調べる。それが習慣化してくると、歯科医になる前よりも勉強をしている自分に気づきました。

そして、少しずつではありますが、自信をもって患者さんと向き合うことができるようになっていったのです。

そのときはじめて、「仕事って楽しいものだ」と感じることができました。

たとえば、あなたが「看護師になりたい」とか「料理人になりたい」という夢を抱き、実際にその職業につくことができたら、それはそれでうれしいはずです。

しかし、最初から「仕事が楽しくて仕方がない」という看護師や料理人はいないでしょう。

その仕事についてからが本当のスタートと知っていれば、自然と学び続けます。

そういう習慣が身についている人こそ、その道を極めることができる人です。

会社員も同じです。

自分が働きたかった企業に入社できたとはいえ、会社がお給料と仕事の楽しさをくれると思っていては、大間違いです。

いただくお給料以上の成果を出すようつねに努力すべきですし、**与えられた仕事ができるようになってはじめて、仕事が楽しいと感じます。**

それがやりがいであり、そこからまた今後の目的につながっていきます。

もしあなたが、「いまの仕事がつまらない」とか「すぐに転職したい」と思うなら、いまの仕事のなかで**「できなくて悔しい」とか「がんばってできるようになったからうれしい」と、心を動かされることがないのかもしれません。**

人はできなかったことができるようになったとき、はじめて楽しさを覚えます。

それにより、モチベーションが上がり、やる気がわいてきます。

できることが増えることで少しずつ楽しくなる。それが仕事というものです。

よく「お金のためだけに仕事をしている」という人がいます。**そういう人は仕事と自分の価値を結び付けることができません。**だからこそ、仕事が楽しくないのです。

会社員であれば、1日の大半を会社で過ごすでしょう。**24時間中の約半分をイヤイヤ過ごすほど、無駄な時間の過ごし方はありません。**

であればなおさら、本当にやりたい仕事なのかを自分に問うてみましょう。それでも価値を見出せないというなら、スパッと転職するのも手です。

何度も言いますが、あなたの時間は有限です。

1秒1秒を大切にし、いまのベストを尽くす。それがあなたに素晴らしい人生を与えてくれるはずです。

22

習慣

やってはいけない！

とりあえず「がんばります」と言う

これでうまくいく！

「いつまでに、どうがんばるか」を言う

上司や先輩から何かを依頼されたとき、あなたはどう答えますか。

とりあえず「わかりました。がんばります」と口にしている人も多いと思います。

たしかに、そう答えることは、意欲的でよいことです。

しかし、経営者やリーダーたちと話をしていると、**とりあえず「がんばります」と言う部下ほど信用できないと言います。**

なぜなら、「何を、いつまでに、どうがんばるのか」が伝わらないからです。

これは仕事に限った話ではありません。

たとえば、あなたが友だちに何かを貸してほしいとお願いしたとき、「了解！」と言われたらどう思いますか。

いつ、どこで貸してくれるのか、気になるはずです。

「がんばります」も「了解」も抽象的で便利な言葉だからこそ多用しがちであり、わかりづらいのです。

また「考えておきます」と言うのも同類です。

考える期間は、人によって違いますし、無限です。

言われた側はかならず「いつまでに答えをくれるの？」と思うはずです。

このように、**明確な返事ができない人は、相手の気持ちを考えられず、わかりづらい人というレッテルを貼られてしまいます。**

もしあなたが、とりあえず「がんばります」と口にすることが習慣づいていたら、いますぐやめましょう。

何を、どう、いつまでにがんばるかを具体的に答えるクセをつけましょう。それこそが、相手が求めている答えであり、相手が欲しいコミュニケーションです。

そもそも、**会社があなたから欲しいのは、結果以外ありません。**いくらがんばっても、結果が出なければ意味がないのです。

何をどうがんばるかを具体的に伝えるということは、あなたができる範囲を相手に伝えることを意味します。

「来週までにここまで終わらせる」とか「今週中に、いったん△△を作成して提出します」など、あなたができる最大限のことを具体的に伝えれば、相手に過度の期待をもたせることも、がっかりさせることもありません。

であればなおさら、何かをお願いされたとき、まずは「何をいつまでにがんばるか」を伝える習慣を身につけましょう。

相手に「いつまでにできる?」「あれ、どうなった」などと言われる前に、自分から具体的な答えを伝えましょう。

そうすることで、あなたは信頼される人になることができます。

「何をどうかんばるか」を伝える!

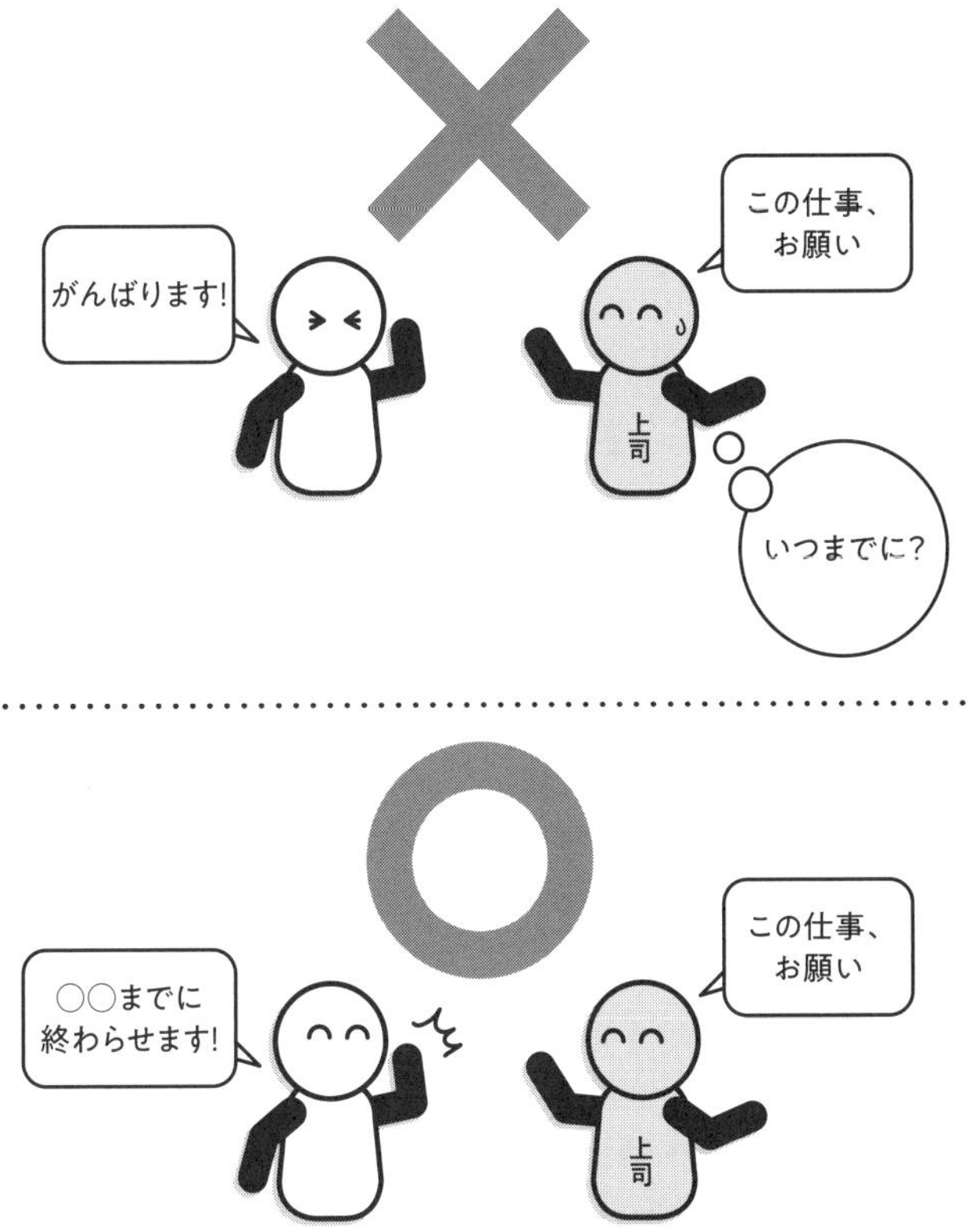

明確な返事をして、自分ができる範囲を相手に伝えよう!

23 習慣

やってはいけない！

言われたことは何でも引き受ける

これでうまくいく！

選択する力をもつ

仕事で成果を得るためには、「選択する力」が必要です。

自分の目的を達成するために、何が必要か、何が必要でないかが明確な人ほど、ビジネスにおいて迷うことがありません。

言いかえれば、目的が明確だからこそ、何が必要なのかが判断できます。

よく「自分が何をしたいのかわからない」「やりたいことが見つからない」という人がいますが、そういう人は、時間の使い方という点においても、おのずと目的を果たすまでの時間がかかります。

よい人生を送りたい、成功したいと思うなら、まずはあなたの目的を明確にすることが先決です。

自分が一生をかけて、何を達成したいか。

その答えが早く見つかった人ほど、達成する率はおのずと高くなります。

なぜなら、迷っている時間こそがロスだからです。

若いころは、自分の目標が明確でなくてもある程度仕方がありません。

高校を卒業し、大学へ進学しても、まだ自分の夢が見つからないという人も多いでしょう。

そして、とりあえず企業に入社してもなお、何をゴールにしたいのかわからない人もたくさんいます。

私がいま、50代になって思うのは「いまの20代は、私が20代のときよりもずっと可能性が大きい」ということです。

昔はなかった職業もたくさんありますし、思いもしない分野が近い将来、社会的に必要になることもあります。

もしあなたが20代であれば、いまは知識を広げることを優先する習慣を身につけましょう。


そういう20代を過ごせば、おのずと自分の強みが見えてきます。

そして、**自分がやりたいこと、苦手なことを知ることができたら、あなたの人生においてのミッションが明確になります。**

そのときはじめて、あなたは仕事を「選ぶ」という権利を得ることができます。

20代のうちは模索して失敗しながら、いろいろなことに挑戦してみましょう。

そして、30代になったら、そのなかから取捨選択し目標を明確にしましょう。


あのドラッカーも、「強みを伸ばすことと弱みを克服すること、どちらかを選ぶなら、強みを伸ばしなさい」と言っています。

たしかに、40点を80点にするより、80点のものを100点にするほうがラクです。であれば、20代のうちはいろいろなことに挑戦し、自分の強みと弱みが何かを知りましょう。

そして、30代になったら、自分の強みを伸ばすものだけを選ぶこと。ミッションをクリアするためには、その年齢にやるべきことを精一杯やることが大切です。

24 習慣

やってはいけない！

他人と争う

これでうまくいく！

数字と争う

よく「他人と比べてはいけない」という人がいますが、私はそうは思いません。とくにビジネスシーンにおいて、**人と比べないということのほうが問題です。**

なぜなら、「あの人に勝ちたい」とか「売り上げで1位を取りたい」と思うことが、原動力になるからです。

ライバルと争っていくことは、間違いなく自分を成長させます。だからこそ、同期と争ったり、先輩を追い越したいと思うのはいいことだと思います。

しかし、いつまでも人と争ってばかりでもいけません。

世間には、**自分とフィールドが違う人と競い合っている人もたくさんいます。**

たとえるなら、平泳ぎの選手がバタフライの選手の記録を抜きたいとがんばるようなもの。泳ぎ方が違うのに、タイムを競い合っても意味がありません。

それこそ悪しき習慣であり、意味のない争いです。

歯科医の世界でも、全国に医院を展開している歯科医師を見て、素直に「すごいなあ」と思います。

それを「全国展開しているから、自分は負けた」と思う歯科医師もいるかもしれませんが、多くの医師は「スタッフをまとめるの大変だろうな」「移動も多いから、自分の時間をもてないだろうな」「稼いでいるぶん、ストレスや疲労もあるだろう」など、同業だからこそ苦労が見え、むしろ労《ねぎら》いたい気持ちになります。

一般的に「あの人はすごいな」とか「儲かっているだろうな」などと思われている成功者でも、意外にも人間関係で悩んでいたり、孤独を感じたりしている人がたくさんいます。

つまり、社会的に成功を収めたとしても、人生には勝ちも負けもないのです。

しかしながら、人は誰でもカッコつけたい生き物です。

幸せになりたいし、幸せだと思われたい。だからこそ、誰かと比べることで優越感を得たいという習性は、直そうと思ってもなかなか直りません。

であれば、その**欲求を満たすポイントを「人」ではなく「数字」に変えましょう。**

たとえば営業職であれば、去年の自分の新規開拓件数と今年の新規開拓件数を比べてみる。そこから自分を評価するのです。

会社員であれば、去年と今年の会社の売り上げを比べたり、起業している人であれば、先月と今月のムダな経費を比較してみるなど、数字に注目をしてみてください。

このように、**数字で比較する習慣が身につくと、おのずと、無理に人と比べることがなくなります。**

そもそも、ビジネスの本来の目的は「社会に貢献すること」です。

人と戦うことだけに意識が向いていては、社会に貢献することができません。戦いに勝つことで自己満足してしまうからです。

会社員であれば、いまいただいているお給料以上の社会貢献をしてこそ、昇給したり、昇格したりするチャンスが巡ってきます。

何度も言いますが、会社が欲しいのはあなた自身ではなく、あなたの結果です。個人の価値観で仕事をされても困りますし、そういう人は決して評価されることはないでしょう。

であれば、人と争うのではなく、数字と争いましょう。

あなたが勝つべきものは、去年・先月・昨日の自分です。

そのことをつねに忘れてはいけません。

25 習慣

やってはいけない！

何がなんでも努力はすべき

これでうまくいく！

無駄な努力は極力しない

意識の高い人ほど、知識を得たり勉強したりすることに貪欲です。

あなた自身も勉強熱心な人だからこそ、この本を手に取ってくださったのではないでしょうか。

しかし、真面目な人ほど学ぶことに全力投球し、それで疲れてしまう人も多いです。

たとえば、セミナーや講座などに参加する人は、ただ参加しただけで満足してしまったりします。それではもったいないと思いませんか。

前述したとおり、学んだことはアウトプットしてこそ自分の知識となりますので、

ただインプットしただけで満足していては学んだ意味がありません。

勉強熱心で学ぶことに貪欲な人ほど、案外それができていないのが現状です。

そういう人にはひとつの共通点があります。

それは、**多くを学び過ぎているということです。**

多くの知識を広く深く学ぼうとする人ほど、案外自分のものとして吸収されていないことを覚えておきましょう。

また、そういう人に限って、完璧主義であることも、自分を追い詰める原因となっています。

もっとも賢いのは、最小限で最大の価値に変える学び方ができる人です。

たとえば、国家試験に合格するためには、そのなかでわざわざ1位を目指す必要はありません。合格ギリギリのラインだっていいのです。合格したことには変わりないからです。

しかし、真面目な人ほどなぜか1位を取ろうとします。それもまた、勉強をし過ぎている人の特徴です。

トレーニングにたとえると、腹筋をつけたいだけなのに、ジムのなかにあるあらゆるマシンを使い必死にトレーニングをしているようなものです。

腹筋をつけたいなら、腹筋をつけるマシンを選べばいい。**あれもこれもやろうとせず、シンプルに物事を考えることが、もっとも無駄のないやり方です。**

そういう人はつねに学ぶことが習慣づいています。言いかえると、学んでいないと落ち着かないのです。

そして、学びに見切りをつけることにもためらいます。このまま続けていても、結果が出ないとわかっていながら、ダラダラと学び続けてしまうのです。

うまくいかない恋人と、未練がましく付き合いを続けていることと同じです。「これは私には向いていない」「いまの私には必要ない」と思ったら、スパッと見切りをつけましょう。

あなたの貴重な時間や労力を無駄にしないためにも、見切る勇気をもちましょう。

無駄な努力は避けよう!

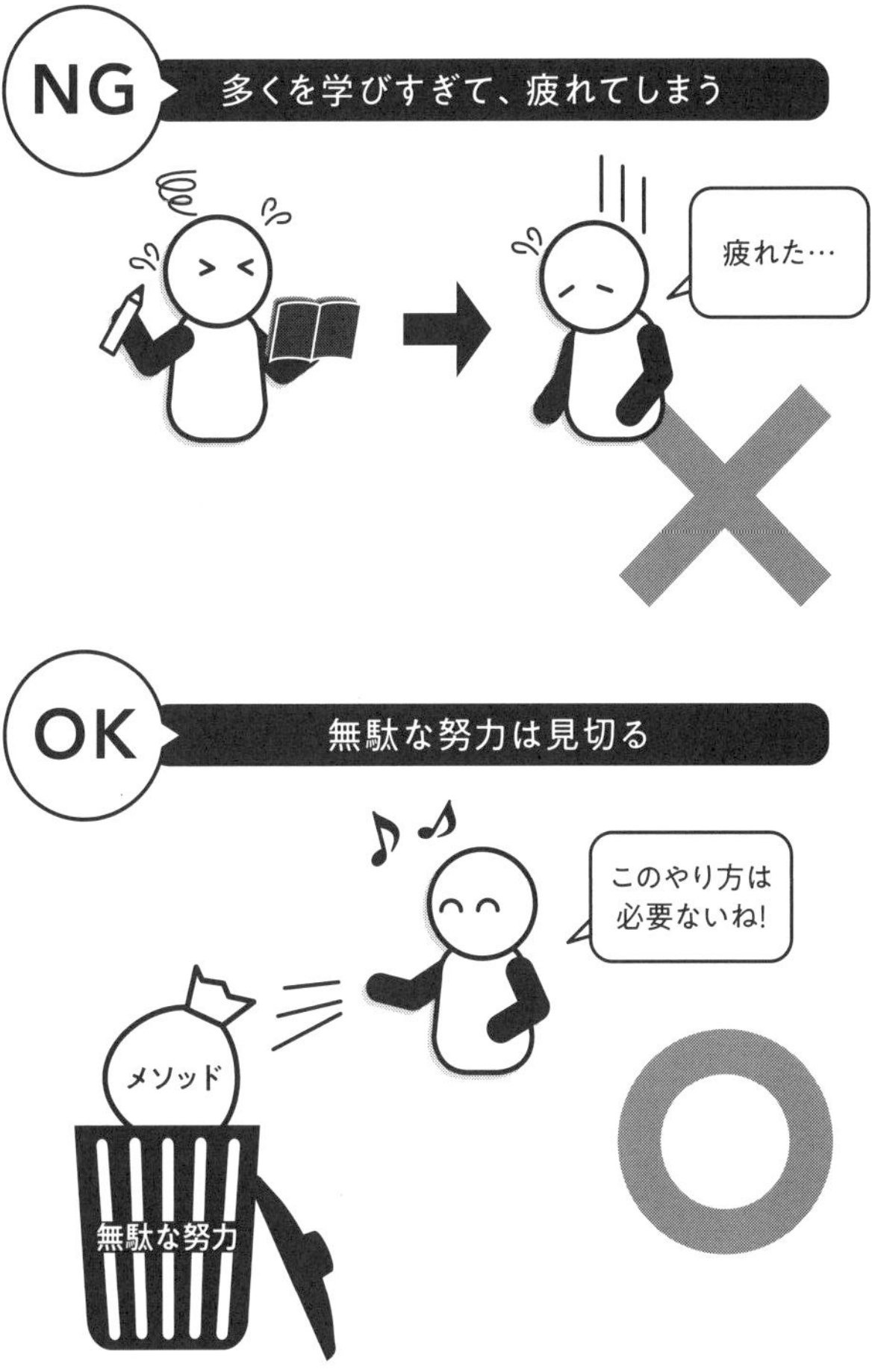
NG
多くを学びすぎて、疲れてしまう
疲れた…
OK
無駄な努力は見切る
このやり方は
必要ないね!
メソッド
無駄な努力

26 習慣

やっては いけない！

睡眠や食事の時間を削ってでも、仕事をがんばる

これで うまくいく！

仕事より、睡眠や食事の時間を優先する

私は、何はともあれ食事の時間を優先しており、食事の時間を削るような仕事の仕方はしません。もちろん、診療や取材を投げ出して食事をするわけではありませんが、**食事の時間を事前に空けておくことをルーティン化しているのです。**

なぜそこまで食事の時間にこだわるのかというと、**よい食事をせずによいパフォーマンスはできない**ことを知っているからです。

たとえば、あなたが歯科医院に行ったとき、あきらかに医師がイライラしていたり、眠そうな顔をしながら診察をしていたら、誰でも不安になり、信頼を失います。

会社員であれば、せっかく会社に早々に出社しても、1日中ぼーっと眠そうにしていては意味がありません。

食事や睡眠が不足していれば、あきらかに仕事の効率はスローダウンします。

それなのに、なぜか睡眠時間や食事の時間を削ってまでがんばろうとする人がとても多いです。

たしかに、**人それぞれ適切な睡眠時間や食事の仕方があります。**

7時間寝ればスッキリ起きられるという人もいますし、私のように、何時に寝ても6時には起きるという人もいます。

食事に関しても同じで、朝はしっかりと食べたほうがいい人もいますし、反対に、朝食は軽く済ませたほうが調子のいい人もいます。

つまり、**パフォーマンスを上げるためには、まず自分に合った食事や睡眠を知ることが大切なのです。** そして、それを習慣づけること。それこそがあなたのパフォーマンスを最大限に活かすライフスタイルです。

人はどうしても情報に惑わされてしまいます。

ショートスリーパーは早死にするとか、食事は1日2食がいいなど、さまざまな人がいろいろ発信していますが、どれも正解であり、どれも正解ではありません。

あなたにとってもっとも効率のよい方法が、あなたにとってのベスト習慣です。

私はむかしから、何時に寝ても6時に起きることが習慣づいています。その日の体調や気分により、22時に眠くなってしまうこともありますし、3時になっても眠くならないときもあります。

しかし、「23時にはかならず寝る」という決めごとはせず、そのときの身体にいつも正直にいることを心掛けています。

就寝より起床を重視するという生活を10年以上続けていますが、いまでも病気とは無縁です。自分がベストでいられるライフスタイルを見つけることが大切なのです。

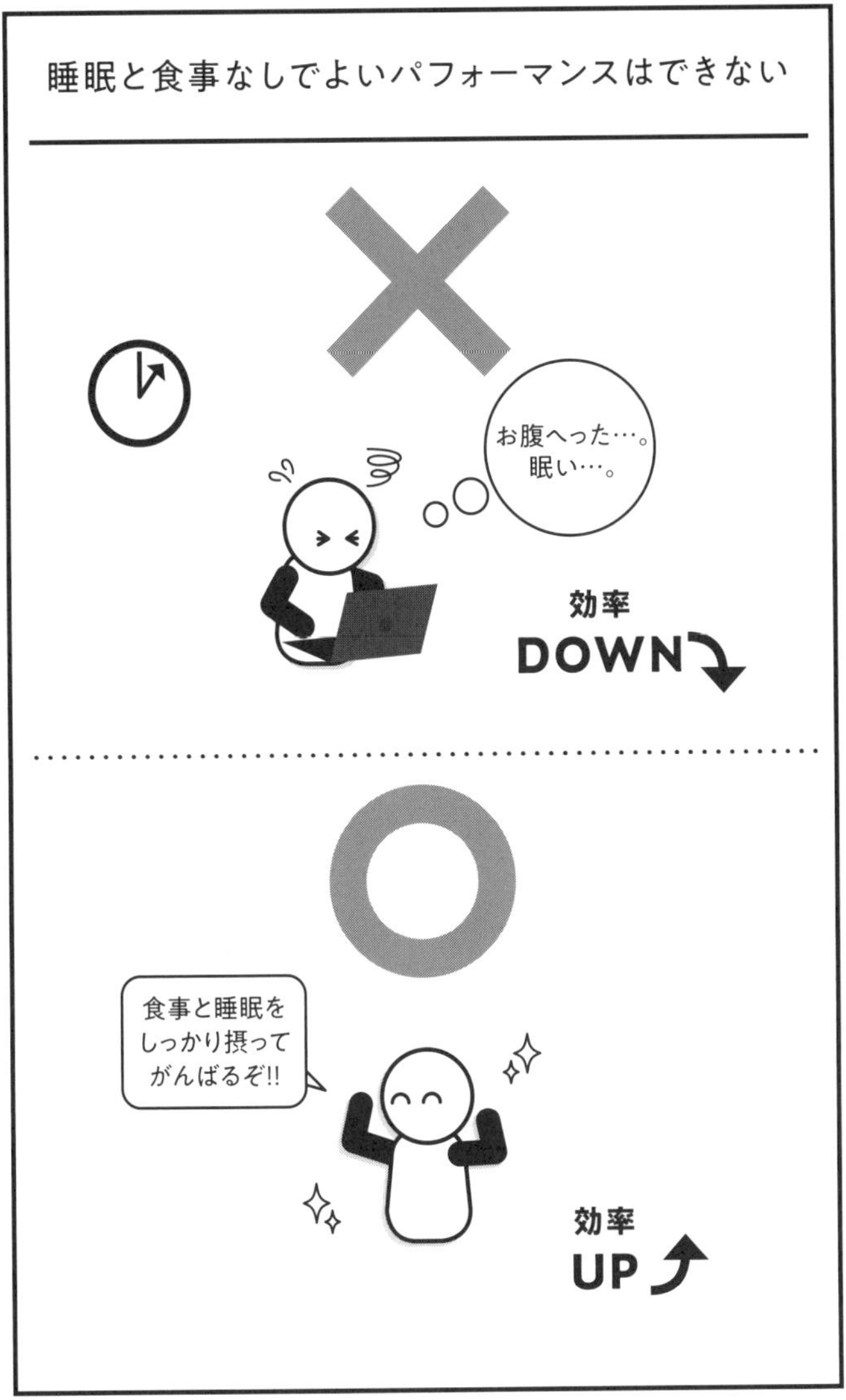
睡眠と食事なしでよいパフォーマンスはできない
お腹へった…。
眠い…。
効率
DOWN
食事と睡眠を
しっかり摂って
がんばるぞ!!
効率
UP

27 習慣

やってはいけない！

「いまできること」をやろうとする

これでうまくいく！

「いま以上のこと」をやろうとする

「年齢を重ねる」というと、どんなイメージを抱きますか。

そう聞くと、「老いる」と考える人がいますが、私はそうは思いません。

なぜなら、どんなに年をとっても人は日々成長し、進化しているからです。

あなたが見たもの、聞いたもの、感じたことはすべて、あなたの潜在意識に刻まれています。

何かを学ぼうとか、覚えようとしなくても、あなたの潜在意識には、毎分毎秒新しい情報が刻まれているのです。

それを成長といわずに、何と呼ぶのでしょうか。

「0・1㎜の法則」を知っていますか？

1日に0・1㎜だけ成長しようとすると、1年間で（0・1×365日）36・5㎜成長をします。

しかし、1日に0・1㎜でも怠惰な生活をすると、1年間で（0・1×365日）36・5㎜、現状よりも退化することになります。

つまり、**少しでも成長しようとして行動をするのとしないのとでは、大きな差が出ることを意味しています。**

人も企業もイノベーションなくして発展はありません。どんどん新しいことに挑戦することにつねに取り組んでいかなければ、衰退してしまうでしょう。

ビジネスパーソンにとっても、いまできることをやるのは当然のことです。それができないならビジネスパーソンとして失格です。

だからこそ、少しでも上を目指す意識が大きな差を生むのです。

もちろん、一気に大きなことをしようとする必要はありません。

近づく目標を定め、それに少しずつでも取り組んでいくこと。それこそが、意味のある0・1㎜です。

これは仕事に限ったことではありません。恋愛においても同じで、いつも同じ行動をしていてはお互いに飽きてしまいます。そうならないように、たまにはいつもの自分とは違う自分を演出しましょう。

サプライズでオシャレなお店を予約しておくとか、いつもパンツスタイルの女性なら、ワンピースを着てデートをするとか、できることは無限にあります。

そんな小さな積み重ねが、お互いの関係性を構築する源となります。

トレーニングでも、一気に重量を上げては身体を痛めてしまいますが、少しずつ重量を増やすからこそレベルを上げることができます。

いまできることから「少し上」を目指す思考グセをつけましょう。

それこそが、いくつになっても成長、進化するために必要な習慣です。

「少し上」を積み重ねていけば、大きく成長できる

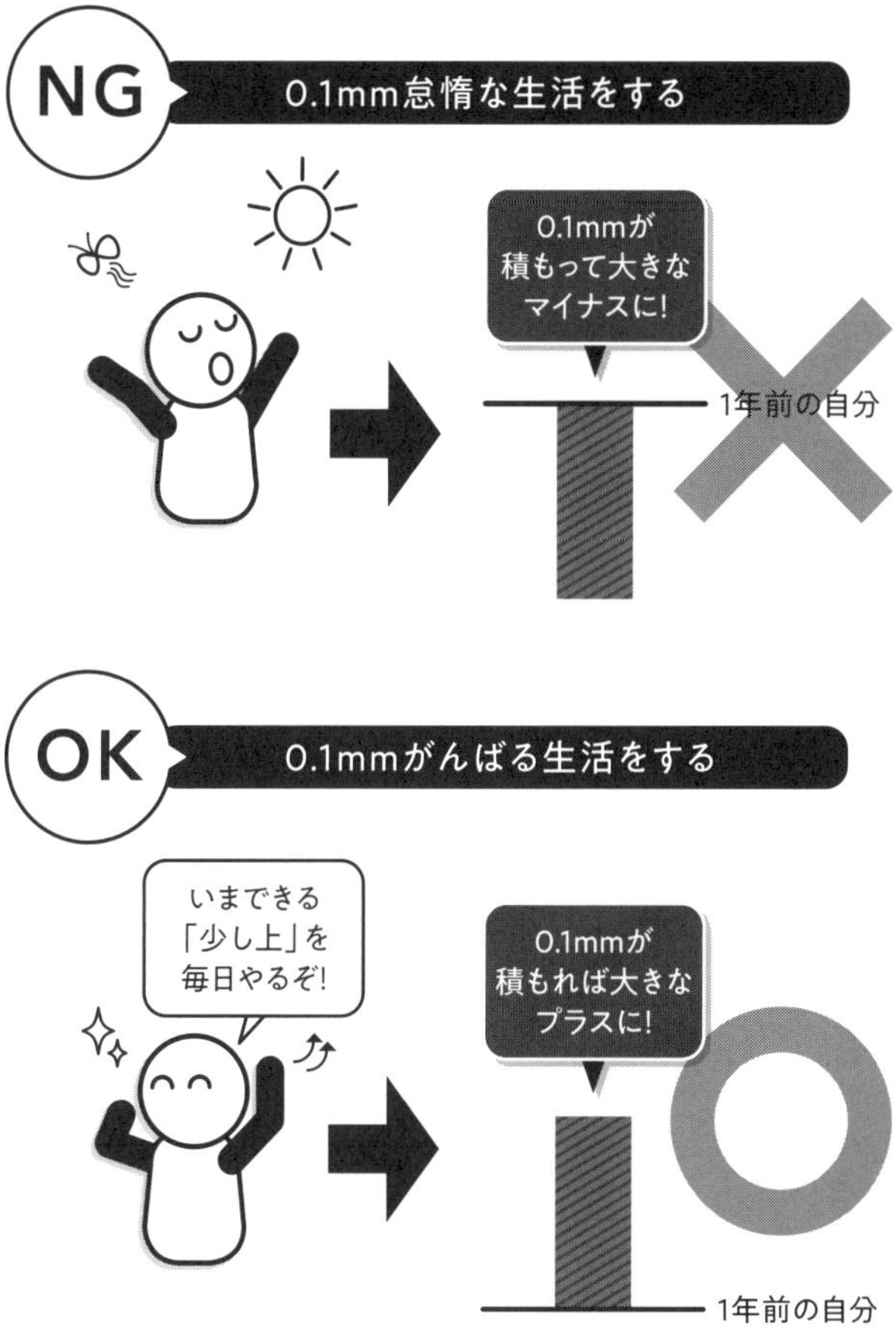

28 習慣

やってはいけない！

会議でアイデアを出し合う

これでうまくいく！

アイデアは会議では生まれない

あなたの会社では、どのくらいの頻度で会議がおこなわれていますか。

毎日かならず朝会があるとか、週1回はかならず会議があると答える方が多いと思います。たしかに、仕事の進捗《しんちょく》や報告など意思疎通をすることはとても大切です。

しかし、**会議室のなかでは、新しい企画やアイデアは生まれづらい**と思いませんか。

アイデアとは、潜在意識から出る心の叫びです。

心の叫びは出そうと思ったときに出るのではなく、お風呂に入っているときや寝る直前など、脳がリラックスしているとき、**予期せぬ形でポッと出てきます。**

だからこそ、かしこまった会議室のなかではよいアイデアは生まれません。

それを知らず、アイデアを出すために長い会議をしている人たちがたくさんいます。

それこそ、時間と労力の無駄でしかありません。


最近は、リモート会議がおこなわれるようになったため、リアルに集まっておこなう会議の無意味さに気づいてしまった人もたくさんいます。忙しい人たちがみんなで時間を割いてまで集まる必要はなく、集まったとしても週に1回30分で充分です。

実際、私の歯科医院の打ち合わせや情報伝達は、朝礼時間の30分程度と決めています。それ以上、時間が延びることはありません。


パフォーマンスの高い仕事をしたいのであれば、**各自が事前にアイデアを持ち寄り、それをその場で伝えるというやり方のほうがよっぽど効率がよいでしょう。**

そういうちょっとした発想の切り替えができる人こそ、有能な人です。

そして、有効な時間の使い方という意識をもてる人こそ、真のリーダーであり、選ばれ続ける人なのです。

29

習慣

やってはいけない！

メールの返信は、ていねいにゆっくりと

これでうまくいく！

メールの返信は、早ければ早いほどいい

誰でもメールの返信は、ていねいに慎重に書いたほうがいいと思っています。

重要な内容であるほど、相手からのメールを何度も読み、意味を理解してからていねいに返信しようとします。誤字脱字はないか、聞かれたことにきちんと答えているかなど、チェックしたうえで返信をします。だからこそ、時間がかかります。

そして、忙しい人であればあるほど、メールの数は必然的に多くなります。すぐに返答できる内容ならいいですが、なかには確認しないと答えられないことや、誰かに聞かないとわからないこともあります。

しかし、それを**一つひとつきちんと確認してから返信すると、午前中の仕事はそれだけで終わってしまうでしょう。**

たしかに、メールを送った立場からしたら、相手からの返信は早ければ早いほどありがたいかもしれません。だからこそ、真面目な人ほど「早く返信してあげよう」と思い、自分の仕事よりもメールの対応を最優先にしている人も多いです。

しかし、できるビジネスパーソンは、会社メールを自分の携帯に転送している人がほとんどです。社外にいるときや終業後も、いつでもどこでも届いたメールをチェックできるため、返信する内容を事前に想定できます。

そうすることで、**出社してすぐに返信することができ、時間のロスがありません。**

仕事は優先順位をつけることがとても大事です。

あなたがもし、「午前中はメールの返信に追われてしまう」とか「メールの返信にやたら時間がかかる」と思うなら、**まずは届いたメールのなかで、早急に返信すべき**

ものと、そうではないものに分けてみましょう。

そして「**急ぎではない**」**と思うものは、**「**○時**（**○日**）**までに返信します**」**と、ひと言だけ書いて送っておきましょう。**その一報があれば相手側も安心します。

とくに若いころは、相手がクライアントや上司であれば、「すぐに返信しなきゃ」と思ってしまいます。しかし、落ち着いて分別をする習慣をつけましょう。そういう習慣を身につけておけば、メールの対応に追われることはなくなります。

メールの返信は相手との関係性よりも、緊急性です。それを考慮したうえで優先順位をつけ、返信する習慣を身につけましょう。

メールの対応は人間性が顕著に表れます。落ち着きがない人は、メールの内容も落ち着きがなくミスも多いです。

反対に、仕事ができる人は内容も簡潔でわかりやすいです。

また、やたらとていねいに書きすぎて長文になる人がいますが、それも忙しい現代人にとっては、とても不親切です。**簡潔かつ明確に書くことを心掛けましょう。**

メールの返信は簡潔さと緊急性が大事!

NG 返信はていねいにゆっくりとする

OK 返信は早急にすべきものに簡潔にする

30 習慣

やってはいけない！

「この仕事が終わったら帰る」と考える

これでうまくいく！

「かならず○○時には帰る」と決めている

どんなジャンルの仕事であれ、いまは就業規則がとても厳しくなりました。

歯科医の世界でも、数年前まではミーティングといったら診療が終わってからはじめるのが一般的でしたが、いまは患者さんを入れない時間をつくり、その時間にミーティングをするのが普通です。

勉強会などをおこなうときも、診療時間を割いてその時間にあてます。

昔のように診療後にミーティングや勉強会をすると、就業規則に反することになってしまうため、就業時間内に済ませることが当たり前になっています。

閉院後にミーティングをすることが当たり前だった私たち経営者からしてみたら、

多少疑問に思うこともあります。

しかし、いまの若い世代からしたら、残業がないことが当たり前です。

持ち帰りの仕事やサービス残業などを強いれば、たちまちブラック企業のレッテルを貼られてしまうでしょう。

そういう時代なのでそれに従うしかありませんし、そもそも私自身も若いころから残業が大嫌いでした。

だからこそ、**いまでも19時になったら仕事を終わらせることを習慣化しています。**

そのため、その時間にさしかかりそうな予約は入れないようにしています。

たまに、診療時間ギリギリに駆け込みで患者さんが来られることがありますが、よっぽどの状況でない限り、日を改めてもらうようにしています。

痛みが治まらないとか、どうしても診てほしいという場合はもちろん診察しますが、緊急性がないのに急いで診療をすると、お互いに焦りが出てしまい、よくないからです。

歯科医のように閉院時間が設けられているものはいいですが、会社員は「終業時間なんてあってないようなもの」という企業も少なくありません。

だからこそ、「ここまで終わらせたら帰ろう」と、キリがいいところまで終わったら帰ろうと決める人も多いです。

しかし、**仕事内容で区切りを決めると、案外時間がかかってしまう場合が多く、集中力という点でも効率は悪いです。**

それに、社内にいる人が減ると、残業している人同士で普段話せないことを話し込んでしまったり、「軽く一杯飲みに行くか」というパターンも大いにあり得ます。

それで次の日、二日酔いで遅刻してしまった、なんてこともあるかもしれません。

つまり、残業には何かしらリスクがあることを忘れてはいけません。

であれば、終業時間は仕事内容で区切るより、時間で区切るほうが効率的です。

終業時間が18時であれば、それまでに終わらせるよう逆算したり、時間までに終わらせたところで、続きは明日やろうと仕事のプランを立てることを習慣化しましょう。

その日のタスクを、就業時間内で集中して取り組むことを習慣づけるほうが、あきらかに賢い働き方です。

仕事は内容ではなく「時間」で区切る

結果、
毎日残業に…

結果、
集中力アップで
無駄な残業が
なくせる!

第4章

やってはいけない人間関係のつくり方

31 習慣

やってはいけない！

みんなに好かれようとする

これでうまくいく！

相手が誰であれ、自然体でいる

あなたは「みんなに好かれたい」「誰からも嫌われたくない」と思いますか。

たしかに、人は誰でも好かれたほうがうれしいし、嫌われたら悲しいです。

しかし、みんなに好かれ、誰からも嫌われない、というのは不可能です。

全員に好かれている人など、この世にはひとりも存在しません。

世に名を残す歴史的偉人も、全員に好かれた人などいません。

ガンジーやキリストさえ成し得なかったことを、あなたがなし得ようとすること自体、間違っています。

たしかに、相手に合わせ、自分を演出することは必要です。

しかし、それを出会った人全員にしていては、あきらかに自分らしさを失います。

「みんなに好かれよう」という思いが先立ち、本当の自分を隠していると、さまざまなシーンで言葉と行動にほつれが出てきます。

そのほつれによって**相手からの信頼を失い、最終的には「本心が見えない人」とか「何を考えているのかわからない」と思われてしまうのがオチです。**

そうならないためには、相手が誰であれ、まずは自然体でいることを習慣づけましょう。

実際、一流と呼ばれる人は、いい意味で肩の力が抜け自然体な人が多いです。

相手を緊張させたり、圧力をかけたりするような人は、真の一流とはいえません。

一流になりたい、成功したいと思うなら、相手の顔色をうかがうことなく、相手に敬意を見せながら自然体でいることを心掛けましょう。

また、あなた自身が「どうしてもあの人には好かれたい」と思うことが多いなら、そう思う時点で、あなたのなかに何かしらの損得勘定が働いていることがわかります。

相手が権力者だったり、有名人だったりするほど、権威性に負けてしまいます。

たしかに、そういう相手から好かれれば、一時的なメリットはあるかもしれません。

しかし、損得勘定はお互いがウィンウィンでなければ成り立ちません。

どちらかだけが得をするという人間関係は、長く深いお付き合いには発展しません。


私は相手が誰であれ、自然体でいることが習慣づいています。

そのため、いろいろな人から「井上先生は、誰に対してもいつも同じテンションですよね」と言われます。

なぜ、そういう状態でいられるかというと、**何より自分だけの時間や環境をもつことを大切にしているからです。**

自分だけの時間や環境は、もっともリラックスでき、自然体でいられます。


人は忙しいときほど、「自然体の自分」を忘れてしまいます。

だからこそ、そういう時間をもつことで、自然体でいるという感覚を忘れないようにしているのです。


自然体でいられることは、何をするにも気持ちがラクです。

どんなに憧れた仕事につこうが、大好きな人とお付き合いしようが、自然体でいられなければ長続きはしません。

つまり、**自分が自然体でいられるかを選択の基準にすれば、迷うことがなくなるのです。**

そして、そういう思考が習慣化すれば、おのずと「みんなに好かれたい」という気持ちは消えていきます。


また、揺るぎない生き方を貫いている人ほど、損得勘定で付き合おうとする人は近寄ってきません。

誰からも、「あの人はああいう人だよね」と思われるくらい生き方にブレがなければ、その生き方に賛同した人しか近寄ってこないのです。

「類は友を呼ぶ」と言いますが、まさにそのとおりで、**いまのあなたの人間関係こそ、いまのあなたを表しています。**

それなのに、

「私のまわりにはバカしかいない」

「最近、変な人ばかりに好かれる」

などと思うなら、それはあなた自身が引き起こしている場であることを認めるようにしましょう。

そのうえで、あなたにとって本当に大切な人は誰なのかを見つめ直してください。

32 習慣

やってはいけない！

苦手な人は避ける

これでうまくいく！

苦手な人にこそ寄り添う

いままで出会った人のなかには、苦手な人や近づきたくないと思うような人もいたでしょう。

とくにビジネスシーンではさまざまな世代、職種の人たちと接することを余儀なくされるため、社会に出て出会いが増えるほど苦手な人、嫌いな人が増えた人も多いのではないでしょうか。

歯科医院にもさまざまな患者さんがいらっしゃいます。

「この人、変わっているな」と思うような行動をする人や、来るたびにスタッフを困らせる人も稀にいます。

しかし、大切なお客様であることに変わりはありません。

苦手だからといって、それを顔に出すことは接客業としてもっともやってはいけない行為ですし、社会人としても失格です。

かくいう私も、好き嫌いが一切ないといったらウソになります。

しかし、ビジネスシーンで出会う人に対して、好きとか嫌いという感情を抱くことはほとんどありません。

むしろ、みんなが「苦手だな」という人こそ、なぜか興味を抱いてしまいます。

以前、こんなことがありました。

ある患者さんを担当している女性スタッフが「どうしても対応しきれない」と、急きょ私が代わりに対応することになりました。

その患者さんはつねにケンカ口調で、治療プランを伝えても文句ばかりです。

しかし、私のなかでは「この人、嫌だなあ」という思いはなく、「この人、誰に対してもこうなんだろうな」という気持ちが先立ち、なんだかかわいそうな人に見えていました。

心からそういう思いでいると、おのずと私の言葉も優しくなります。

その思いはかならず相手に伝わるので、自然と相手も優しい口調になります。

そして、治療が終わるころには「とても穏やかなおじさん」になっていました。

この方だけでなく、同じような事例はたくさんあります。

こういった体験から、**苦手と思う人こそ、こちらから寄り添ってあげることで、相手を簡単に変えることができることを実感しました。**

そもそも、世の中にはいい人も悪い人もいません。

いい面もあり、悪い面もあるのが人間ですし、それをどう受け取るかを決めるのはあなたです。とすると、**相手の悪い面だけを見ているようでは、本当の意味で相手を知っていることにはなりません。**

ビジネスをしていれば、少なからず苦手な人、嫌だなあと思う人はいるでしょう。

しかし、**苦手だからといって相手を拒絶したり、全否定してしまえば、あなた自身がつらくなるだけ。そこにメリットはひとつもありません。**

相手がどうであれ、人間関係は良好のほうがいい。それがあなたのためなのです。

人は、一度嫌いになった人を好きになる可能性は低く、嫌いな人がいるほど生きづらくなります。

であれば、**自分がつらくならないために、少しだけ相手に対して見方を変え、寄り添う習慣をつけましょう。**

人間関係は、「どれだけ好きな人といられるか」で決まるのではなく、「どれだけ嫌いな人と付き合わないか」のほうが大事です。

相手を嫌いになり、自分がつらくなる前にできることはあります。

そう信じて、自分から行動する習慣を身につけましょう。

苦手な人こそ寄り添おう!

嫌いな人を減らして人間関係をよくする!

33 習慣

やってはいけない！

価値観を相手に合わせる

これでうまくいく！

価値観は変えなくていい

自分と相手の価値観を共有すればするほど、深い人間関係を築くことができます。

無理をして相手に合わせたり、相手の顔色をうかがったりするような関係では、長い付き合いはできません。

夫婦問題も同じです。

いまや3組に1組が離婚をすると言われていますが、離婚原因の多くは、「価値観の相違」だそうです。

つまり、相手と自分の価値観が共有できない、自分らしくいられないからこそ、離婚に発展してしまうのです。

ですが、**まったく違う生き方、性格をしていても、価値観が合っていれば関係は長く続きます。**

夫婦だけでなく、パートナーや友だちにおいても、趣味も性格もまったく違うのに、なぜか馬が合うという人がいますが、それこそ本当の意味で価値観が合う人です。

そして、その価値観の源となるのが「自分らしさ」です。

どんなに好きな相手であれ、自分らしくいられない人とは価値観が合っているとはいえません。

いかなるシーンであれ、あなたが素直でいられるか。そこを基準に、付き合う人を選んでください。

だからこそ、**価値観が合わないからといって、相手を責めるのはやめましょう。**

人の価値観によいも悪いもありません。

あなたの「普通」は、相手から見て「異常」である可能性も高い。

つまり、価値観とは人によって種類も性質も無限です。

そう考えると、長い付き合いをしている友だちや仕事仲間がいかに馬の合う人であり、縁がある人だと気づかされ、感謝の気持ちがわいてくるでしょう。

ビジネスにおいては、好きな人とだけ仕事をするということはなかなかできません。

どうしても苦手な人と付き合っていかなければならない、というシーンがたくさんあります。

20代のうちは、そういう人間関係に気を使いすぎて疲れてしまったり、がんばりすぎてしまったりする人がとても多いです。

まだ自分の価値観、仕事のやり方を確立できていないからこそ、悩むのです。

しかし、**どんな状況でも、自分らしくいられることは可能です。**

新入社員とはいえ、自分の意見を言わず、すべて上司や先輩の意見に従わなければいけないとは限りません。

間違っていると思ったら、素直に言える勇気がある人ほど、むしろ価値ある逸材として評価されるでしょう。

そして、そう発言するからには、それなりに結果を出し続けなければいけません。

いくら口先だけで大きなことを言っていても、結果がついてこなければ逆効果です。

自分らしくいながらも、結果を出せる人を目指しましょう。

34 習慣

やってはいけない！

相手を責める

これでうまくいく！

相手を受け入れる

世の中には、いい人も悪い人もいません。

法律に触れること以外は、正しいことも間違っていることもなく、その価値を決めるのはあなたです。まずはそこを理解していれば、相手を責めることもなくなります。

しかし、そこに気づいていない人もたくさんいます。

とくに権力者やリーダー、経営者は、自分が組織を動かしているがゆえ、必然的に周囲にイエスマンが増えてしまいます。反論する人がいないという状況では、自分が一番正しいと思いがちです。

もし、あなたが**リーダーという立場であるなら、いまあなたの意見に反論する人、注意してくれる人がいるか考えてみてください。**そういう人が見当たらないのなら、行動が傲慢《ごうまん》になっていないかあらためて自分と向き合う必要があります。

リーダーという立場でなくても、誰かが想定外のことをしたとき「信じられない」「バカじゃないの?」などと、相手を責めていませんか。

それは価値観の相違から表れる拒否行為ですが、相手と価値観が違うことを理解していれば、そのような言葉は出てきません。

相手を責めたいと思ったとき、まずはその理由を探しましょう。

そして、そこからどう修復したらいいかを考えれば、相手を責めたいと思う感情はおのずと消えます。

たとえば、部下や後輩が大きな失敗をしてしまった場合も、なぜ失敗してしまったかを知ることは、その部下が苦手なことを知るきっかけになります。

部下ができないことを知るのは、上司の仕事です。**失敗を通して、あなた自身も上司として成長をするチャンスをつかんだ**と考えましょう。だからこそ、部下を責める必要などひとつもありません。

子育てに関しても同じです。

たとえば、テストでよくない点を取った場合、多くの親は子どもを責めてしまいがちです。

しかし、実際はその**点数を通して、子どもが苦手なことを知ることができたのです。**

そう考えれば、怒ったり責めたりすることに意味がないと理解できるでしょう。

それに、相手を責めること自体、その相手と同じ土俵にいることと同じです。

「やられたらやり返す」というのは、人として一番やってはいけないこと。ドラマの影響なのか、それをよしと勘違いしている人もいますが、現実的には大きな間違いだということを覚えておいてください。

相手を責める前にその理由を探そう

NG 怒りにまかせて相手を責める

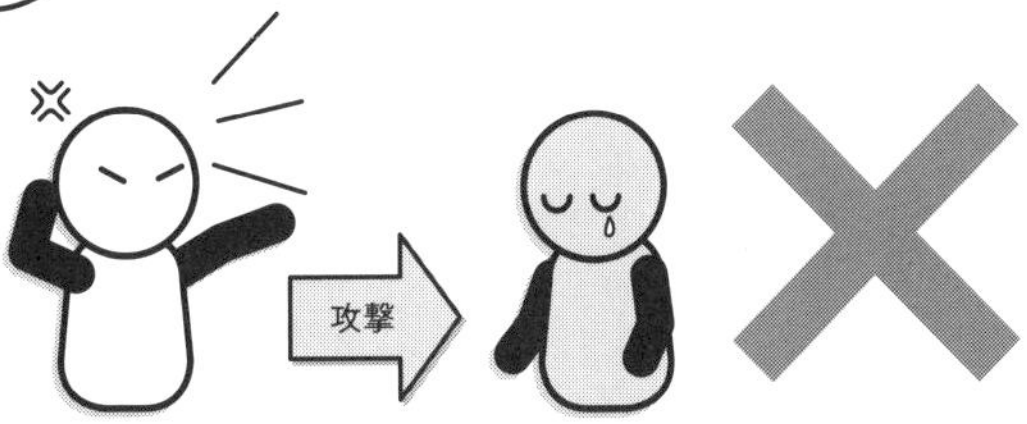

OK なぜ責めたいと思ったか考える

相手の苦手なことを知るチャンスになる!!

35 習慣

やってはいけない！

「機嫌が悪い人は、ダメな人だ」と決めつける

これでうまくいく！

「なぜ、この人は機嫌が悪いのだろう？」と考えてあげる

あなたのまわりに「いま機嫌が悪いから近づくのはやめよう」とか「今日は機嫌がいいな。いいことあったのかな」と思う人はいますか。

そう聞くと、かならず誰でも1人や2人は思いつく人がいるでしょう。

そして、あなたはその人のことを「面倒くさい人」とか「気を使って疲れる人」と思っているはずです。

しかし、機嫌が悪いからといって、相手がすべて悪いと決めつけるのは間違っています。

なぜなら、**「機嫌が悪い」という感情の下には、必ず隠された第2の感情があるからです。**

その感情こそ、その人の機嫌を悪くさせている本当の理由です。つまり、何もなく、ただただ機嫌が悪いという人はいないのです。

それを知らず「機嫌が悪い人はマイナスの影響を受けるから、切り捨てるべき」と思うのは間違っており、本当の意味で相手を見ていません。

そういう思考が根づいている人は、表面だけを見て人を判断しがちです。

たとえば、「いつも奥さんの機嫌が悪くて困る」とか「ダンナさんの気分にムラがあって疲れる」と悩んでいるなら、相手の機嫌が悪くなる場をあなた自身がつくっている可能性がとても高いです。

まずは、相手の機嫌が悪い理由を考えてみましょう。

その原因を突き止め、そうならないように行動すれば、相手の機嫌はかならず直ります。

そう考えると、「△△さんは気分にムラがあるから苦手」「あの人はいつも機嫌が悪いよね」と口にする人ほど、受け身であり、相手のために何ができるか考えていないことがわかります。

相手だけがダメな人と思っているかもしれませんが、本当はあなた自身も間違っているのです。

人はよく顔を合わせる相手ほど、慣れあい、ワガママになっていきます。だからこそ、つねに相手の気持ちになって考える習慣を身につけましょう。

それが習慣化されている人こそ、長く深い人間関係を築くことができるのです。

機嫌が悪い人の「隠された感情」を見つける!

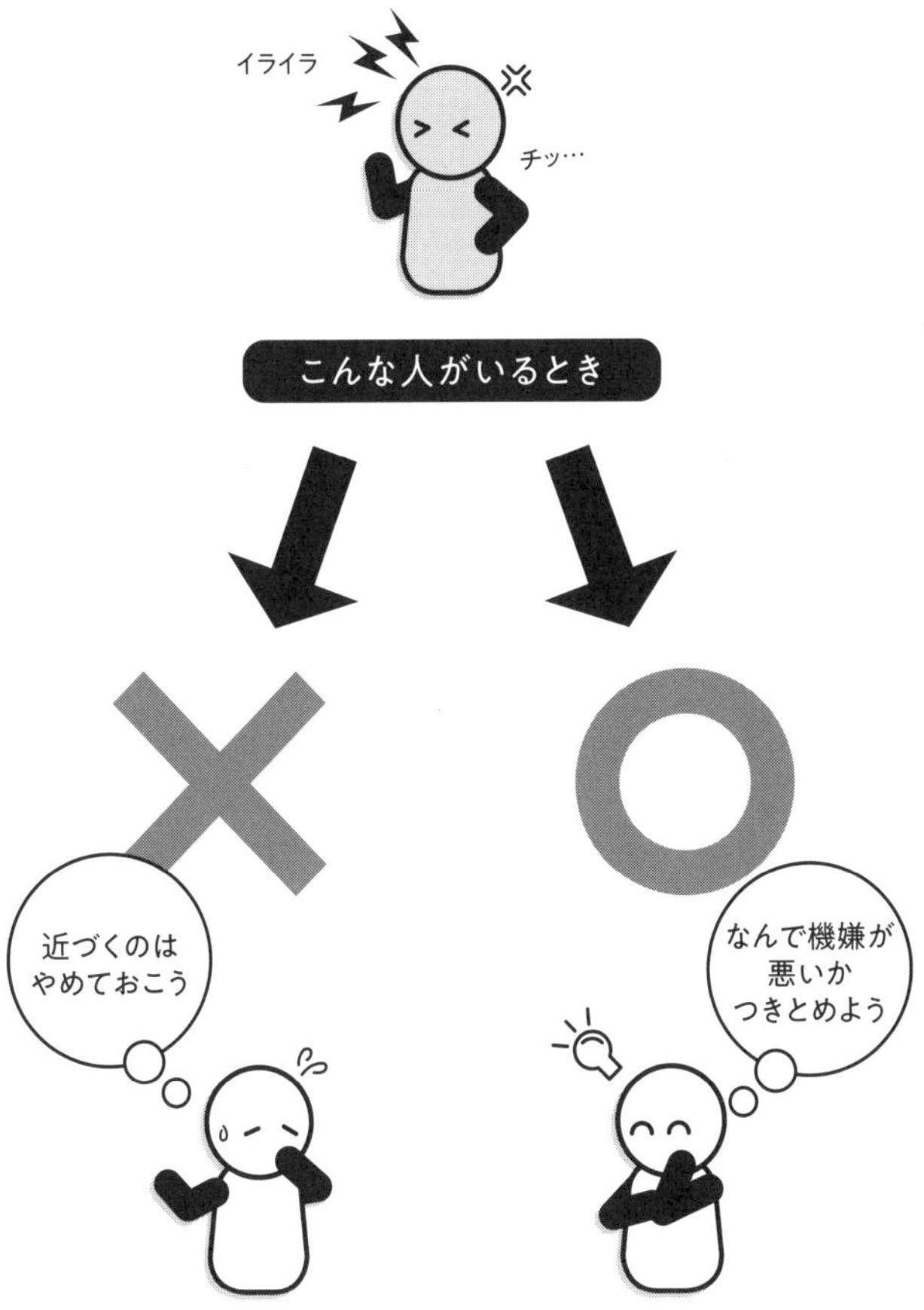

36

習慣

やってはいけない！

形式的に「ありがとう」と言う

これでうまくいく！

心を込めて「ありがとう」と言う

「ありがとう」は、もっとも美しく価値ある言葉です。

幼いころから、親や先生から「ありがとうと言いなさい」と学びますし、どんな本を読んでも「ありがとう」の大切さを説いています。

人が人と生きていくなかで、もっとも大切なことは感謝し合うことです。

そして、それを伝える言葉がこの「ありがとう」に込められています。

しかし、世の中には「ありがとう」を乱用している人もいます。

「とりあえず、ありがとうと言っておけばいい」

そんなふうに思う人がいるのも事実ではないでしょうか。

たとえば、上司に頼まれた仕事を提出したとき「はいはい、ありがとー」と、さらっと言われることもあるでしょう。目も合わせず、言葉だけが宙に浮くような、そんな「ありがとう」は、言われてもうれしくありません。

かたや、「△△さん、助かったよ。ありがとう！」と目を見て言われたら、またその上司のためにがんばろうという気持ちになります。

つまり**「ありがとう」は、言い方ひとつで相手をいやな気分にさせることもやる気を起こさせることもできるのです。**

「心身一如《しんしんいちにょ》」という言葉のとおり、心と身体は一体です。

言葉には魂が宿っています。言葉にエネルギーが入っていないとどんな言葉も相手には伝わりません。仕事も恋愛も友だち関係も、相手とどれだけエネルギーの交換ができるかで関係性が決まります。

だからこそ、この「ありがとう」という5文字に、どう気持ちを込められるかが、あなたと相手の関係性を決める重要なカギを握っています。

あなた自身も、形式的な「ありがとう」を言ってはいませんか。

とくに、身近な人や大切な人に対しては、「自分を理解してくれている」という甘えがあります。

だからこそ、何かしてもらっても、どこかでやってくれることが当然だと思ってしまいますし、「ありがとうすら言わない」なんていうこともあるかもしれません。

親しい関係こそ、感謝の言葉がないと誤解を生み、やがて大きな溝を生む原因となり得ます。

あなたが普段、身近な人や大切な人に対して感謝の言葉を伝えていないと思うなら、何かの記念日などに心を込めた「ありがとう」を伝えてみましょう。

たまにでもいいから、心から感謝しているという思いが相手に伝わると、お互いの見方が変わり、いい意味でいままでとは別の深い関係性を築くことができます。

大切な人に伝えるときの特別な「ありがとう」は、あなたがその人と最期のお別れをするときくらいの思いを込めて言うことがポイントです。

普段から誰に対しても、魂を込めて感謝を伝える習慣が身についていれば、たとえどんな相手であれ、深い関係を築くことができます。

現に、**著名人やネームバリューのある人ほど、人一倍「ありがとう」に心を込めており、だからこそ、さらに協力や支援をいただくことができます。**

二流の成功者ほど、「自分ひとりががんばって成功を手に入れた」と思っており、身近な人に感謝ができず、「ありがとう」も形式的です。

つまり、この5文字をどう扱うかで、人間関係やまわりからの評価が決まるといっても過言ではありません。だからこそ、どんなときでも、心からの「ありがとう」を言葉にする習慣を身につけましょう。

37 習慣

やってはいけない！

相手から挨拶をされたら、自分も挨拶をする

これでうまくいく！

自分から率先して挨拶をする

人の悩みのほとんどは人間関係です。

ビジネスも恋愛も友だちも、すべては人間関係のうえに成り立っているからこそ、悩みはつきません。

自分で「人とコミュニケーションがうまくいかない」と悩んでいる人ほど、本を読んだりセミナーに行ったりして、悩みを解決しようとします。

しかし、どんなノウハウを得ようと、コミュニケーションの基本は「挨拶」であることを忘れてはいけません。

そして、意外にもそのことに気づいていない人もたくさんいます。

たとえば、**家族に毎朝きちんと「おはよう」と言っていますか?**

そう聞くと、意外と「挨拶をしない」という人もいます。


家族だけではなく、同じ会社の人や友だちにも、自分から挨拶をしていますか?

たまたまエレベーターのなかで会ったから、目が合ったから、相手が挨拶をしてきたから……という理由がない限り、挨拶をしないという人もいます。

つまり、**人間関係に悩んでいると言いながら、挨拶に対しての意識がとても低いことを表しています。**


挨拶をされて嫌な気持ちになる人はいません。

誰でも相手から挨拶をされればうれしい気持ちになります。であれば、自分から挨拶をすることに躊躇《ちゅうちょ》する理由はありません。

少し話はそれますが、私は週末になると都内のホテルに宿泊することが多いです。いつも決まったホテルがあるので、ホテルのスタッフとも顔見知りになりますし、ハウスキーピングの方ともよく話をします。

そういう関係性になったきっかけは、間違いなく「挨拶」からでした。

いまとなっては、スタッフから声をかけるより先に自分が挨拶をするようにしています。なぜなら、私から挨拶をしたほうが、スタッフの方が喜んでくれるからです。

人は誰でも、自分から挨拶をするよりも、相手から挨拶をしてくれるほうがうれしいです。だからこそ、あえて自分から声をかけるようにしています。

挨拶は相手を幸せな気持ちにすることができる魔法の言葉です。

あなたがいま人間関係に悩んでいるなら、まずはその相手に自分から挨拶をする習慣をつけましょう。

ビジネスシーンであれば、社内の人全員と挨拶をするのはむずかしいかもしれませんが、少なからず、同じフロアやグループにいる人には自分から率先して挨拶をすれば、あなたに対する印象が変わることは間違いありません。

実際、**私のまわりの一流と呼ばれる人ほど、ていねいな挨拶をしてくださる人がとても多いです。**つまり、挨拶こそ、よい人間関係を築くうえには欠かせないものなのです。

38 習慣

やってはいけない！

絶対に相手ファーストでなければいけない

これでうまくいく！

「相手80：自分ファースト20」くらいの割合で考える

「ブレない自分軸をもち、それを貫こう」という文言をよく見かけますが、果たして、すべての物事を自分の思いだけで決めていいのでしょうか。

たしかに世の中には、相手に合わせすぎて、自分を見失ってしまうという人もいます。そういう人からしたら、自分の意見を尊重したほうがいいということの言葉に救われます。

しかし、自分軸を大切にするというのは、自分の夢やゴールを成し遂げるときに必要な考え方です。**ただただ「自分が思うとおりの人生を送りたい」という考えに当て**

はめるものではないことを理解しなければいけません。

そもそも多くの人は、自分ファーストです。

「いつも私は人に合わせてしまう」とか「言いたいことが言えない」と悩むのも、結局は、自分の思うとおりにならないからつらいのです。

つまり、**無意識のなかではみんな自分ファーストなのであり、だからこそ「相手ファーストであれ」という言葉に反応します。**

普段、自分ができていないから、自分よりも相手のことを考えなければならないと反省するのです。

ここでひとつ、質問をしましょう。

あなたがパートナーとディナーをするとき、何と声をかけますか。

「私は△△が食べたいけど、どう?」と声をかけるか、「あなたは何が食べたい?」と相手に意見を聞くかどちらのタイプでしょうか。

つねに相手ファーストでなければと考える人ほど、「何が食べたい？」と相手に意見を聞くでしょう。
それが相手にとっても自分にとってもいいと思っているからです。

しかし実際、私のまわりにいる仕事仲間やスタッフに聞くと、「何が食べたい？」「どこへ行きたい？」と毎回聞かれるよりも、たまには「僕は△△に行きたいけれど、一緒に行かない？」と言われたほうがうれしいと言います。

つまり、**つねに相手ファーストにするのではなく、たまに自分ファーストにする、というバランスがもっとも相手に心地よさを与えることができるのです。**

そのバランスこそ「**パレートの法則**（**80：20の法則**）」です。
10回のうち、2回は自分ファーストで物事を進めることが、良好な人間関係を築き、相手に好感を抱かせるという意味で非常に効果的です。

大切にしたい人ほど、相手に合わせてしまいがちです。

自分の立場を考えると、自己主張をすることがむずかしかったり、相手にどう思われるか不安になったりするでしょう。

しかし、相手の気持ちを考えたうえで思いを伝えることは、自己主張ではありませんし、決して自分勝手などとは思われることはありません。

そもそも、いつも相手ファーストではあなた自身も疲れてしまいます。

だからこそ、**10回に2回は相手の気持ちを考慮した「自分ファースト」を意識しましょう。**

「多少強引かな？」と思うようなことでも、案外相手もうれしいものなのです。

39 習慣

やってはいけない！

誘われたら、とりあえずOKする

これでうまくいく！

誘われても、断る勇気をもつ

「NOと言えない日本人」という言葉のとおり、日本人は何事に対しても断ることに罪悪感を抱きがちです。

本音と建前を使い分けたり、社交辞令を言ったりすることで、「表面的に良好な関係」を築くことは得意です。

しかし、接触頻度が多くなればなるほど、「本当はどう思っているのか」「あの人、いったい何を考えているのかしら」などと、お互いがお互いに感じてしまうことも多いです。

とくにビジネスシーンでは、上辺だけで付き合いをしている人が多く、そこから個人的な付き合いにつながるのはほんのわずかではないでしょうか。

仕事と割り切るお付き合いは、当然ながら、仕事がなくなれば関係性はなくなります。それは悪いことではないし、むしろそういう付き合いの仕方のほうが、関係性が明確で無駄がありません。

しかし、真面目な人ほど、仕事で出会う人すべてを大切にしなくてはならないと考えます。そのため**「誘われたら、とりあえずOKする」という習慣が根づいている人もたくさんいます。**

私もビジネスシーンで出会った人たちに、「今度みんなでゆっくりお食事でも」などと声をかけていただくことがあります。

しかし、私はビジネスとプライベートを混同したくないため、誘われても簡単に「ぜひ、行きましょう」とは言わないようにしています。

そこで気軽にOKしてしまうと、相手に期待をさせてしまう可能性があるからです。

もちろん断り方には細心の注意と敬意を払いながら言葉を選びますが、もう何年もこういうスタンスでいるため、誘われることも減りました。

むしろ、私がこういう（プライベートとビジネスを混同させない）人だと理解してもらっているからこそ、関係性が明確になり、良好な関係でいられます。

だからこそ、プライベートで会いたくないと思う人に対しては、誘われても気安くOKと言わない習慣を心掛けましょう。

これは恋愛や友だち関係においても、同じです。

二度と会う気がないなら、「また落ち着いたら会おう」とか「ヒマになったら連絡する」といったあいまいな返事はしないほうがいいです。

相手に過度な期待をもたせる原因となるからです。

あなたが「この人とはもう会わないだろう」と思うなら、はっきりと断る勇気をもちましょう。そのとき罪悪感を抱くかもしれませんが、相手に期待をもたせるほうがよっぽど不親切です。

断る勇気がある人は、本当はもっとも相手のことを考えてあげられる人なのです。

仕事も恋愛においても、断る強さをもちましょう。

それで相手が怒ったり、気を悪くしたりするようなら、そこまでの相手だったことが早くわかってよかったと思いましょう。

人間関係はあなたが選べます。つねに主体的であることを忘れてはいけません。

40 習慣

やってはいけない！

自分の個性をアピールする

これでうまくいく！

相手に合わせて自分を「演出」する

私の交友関係は非常に限られているほうですが、そんななかでも「**友だちの知り合い」というかたちで出会う人は、その後、深い付き合いができる可能性が高い**ことに気づきました。

なぜなら、紹介される前から、友だちが相手に私のことを話してくれるからです。

つまり、出会う前から私がどんな人なのかを知ったうえで紹介してくださるからこそ、お互いに信頼関係を築きやすいというわけです。

人間関係はなにより「出会い方」が重要です。

出会いのシーンで「感じ悪い人」とか「なんだか合わなそう」と思ったら、当然のごとく、その後、深い関係には発展しません。

だからこそ、大切にしたいと思う出会いには事前に準備が必要です。

たとえば、医療関係の権威者を紹介していただくというシーンなら、事前に相手がどんな方かリサーチします。

いまどんな仕事をされているのか、どこに住んでいるのか、どんな見た目なのか。会社を経営されている方なら、会社のホームページやプロフィールを読んだり、インタビュー記事があれば、できる限り読んだりして頭に入れておきます。

最近はSNSをされている方も多いので、そういったものもすべてチェックし、相手に関する情報はなるべく調べることを習慣にしています。

そして、実際にお会いしたときに、

「先生、この前の学会でこのスーツ着られてましたよね」

「このあいだのインタビュー記事のなかで、先生は自己啓発はやらないとお話しされていましたが、なぜですか？」

といった内容を切り出します。

すると、相手は「自分のことを知ってくれている」とうれしくなり、さらにいろいろなお話を聞かせてくれます。

その後、「先生が自己啓発について語るのも聞いてみたいです。潜在意識という分野を知ると、また違った世界が見えますよ」などと、自分の専門分野と絡めた話をすると、また相手にも自分の話を聞きたいという気持ちが生まれます。

そうなってはじめて、お互い「同等な立場」が確立されます。

どちらかが上でも下でもないという立場こそ、信頼関係を築くうえでもっとも大事な基礎になります。

そこに至るまでは、当然ながら相手から好意をもっていただくような外見を心掛けます。身だしなみは、出会いというシーンにおいて最低限守らなければならない気づかいだからです。

いまこの時代は、選ばれなければ成功しません。セルフブランディングや見せ方について学ぶ人が多いのも、選ばれる人になるためです。

しかし、目立てばいいというわけではありません。個性をアピールしすぎるのはかえってNGです。

とくに**初対面のシーンでは、自分をどう見せるかより、まずは相手好みの自分を演出する習慣を身につけましょう。**そのほうが、その後の関係を深める可能性が高いです。

そこからさらに**好感をもってもらうには、人間味を垣間見せること**がポイントです。

なぜなら、人は完璧な人よりも、多少隙間がある人に興味をもつからです。

誰と出会うかで人生が変わることがあります。

そして、そのスタートが「出会い」のシーンです。

どんな映画もドラマも出会いのシーンがていねいに描かれます。それほど、人生において出会いは大事なものです。

出会いを大切にしたいなら、相手に合わせつつも、興味をもってもらえる人を演出することを意識しましょう。

それができれば、あなたはかならず人に恵まれる人生を歩むことができます。

第5章

やってはいけない
お金の習慣

41 習慣

やってはいけない!

お金があればあるほど幸せ

これでうまくいく!

お金で得る幸せは限られている

みんなお金が好きです。
これはまぎれもない事実であり、誰もが「もっと欲しい」と思っています。
しかし、**お金があるからといって、幸せになれるとは限りません。**
なぜなら、お金があっても、それだけでは人を幸せにすることはできないからです。

たとえば、あなたが1億円をもって無人島にいるとしましょう。
住む場所も食べ物もそれなりにあったとしても、話し相手は誰もいない。
それでもあなたは幸せだと感じるでしょうか。

おそらく、お金がある幸せよりも、孤独を感じるはずです。

つまり、ただお金を所持していても、幸せを感じることはできないのです。

そもそもお金とは、社会に貢献して得られるものです。人や社会に尽くし、その対価としていただく。そして、それを世のため人のために使うことでまた幸せを得られます。

つまり、**お金とは「循環すること」でエネルギーが生まれます。**

「お金さえあれば幸せ」と考える人ほど、貯めることに必死です。

日本人の家計が保有する現金、つまりタンス預金が100兆円を突破（2020年12月時点「資金循環統計」参照）するなど、日本人は貯めることがよいことと思い込んでいる人がとても多いです。

もちろん、ないよりもあったほうがいいのは当然のことでしょう。

しかし、私が出会った著名人や成功者を見ていると「お金持ちだからといって幸せ

か？」といえば、そうでもありません。

たとえば、人脈づくりやお酒の付き合いを大切にし過ぎて身体を壊してしまった人、仕事のせいで家族やパートナーとの時間を失っている人がたくさんいます。

豊かな生活をしていても、家族を大切にできなかったツケなのか、子どもと疎遠になってしまった、なんていう人も意外と多いです。

そういう人を見ているからこそ、「収入が高い＝幸せ」とは限らないと言い切れます。

大切なものを守る時間の確保ができたうえで、自分の価値観に合った使い方ができること。

それがもっとも幸せなお金の使い方です。

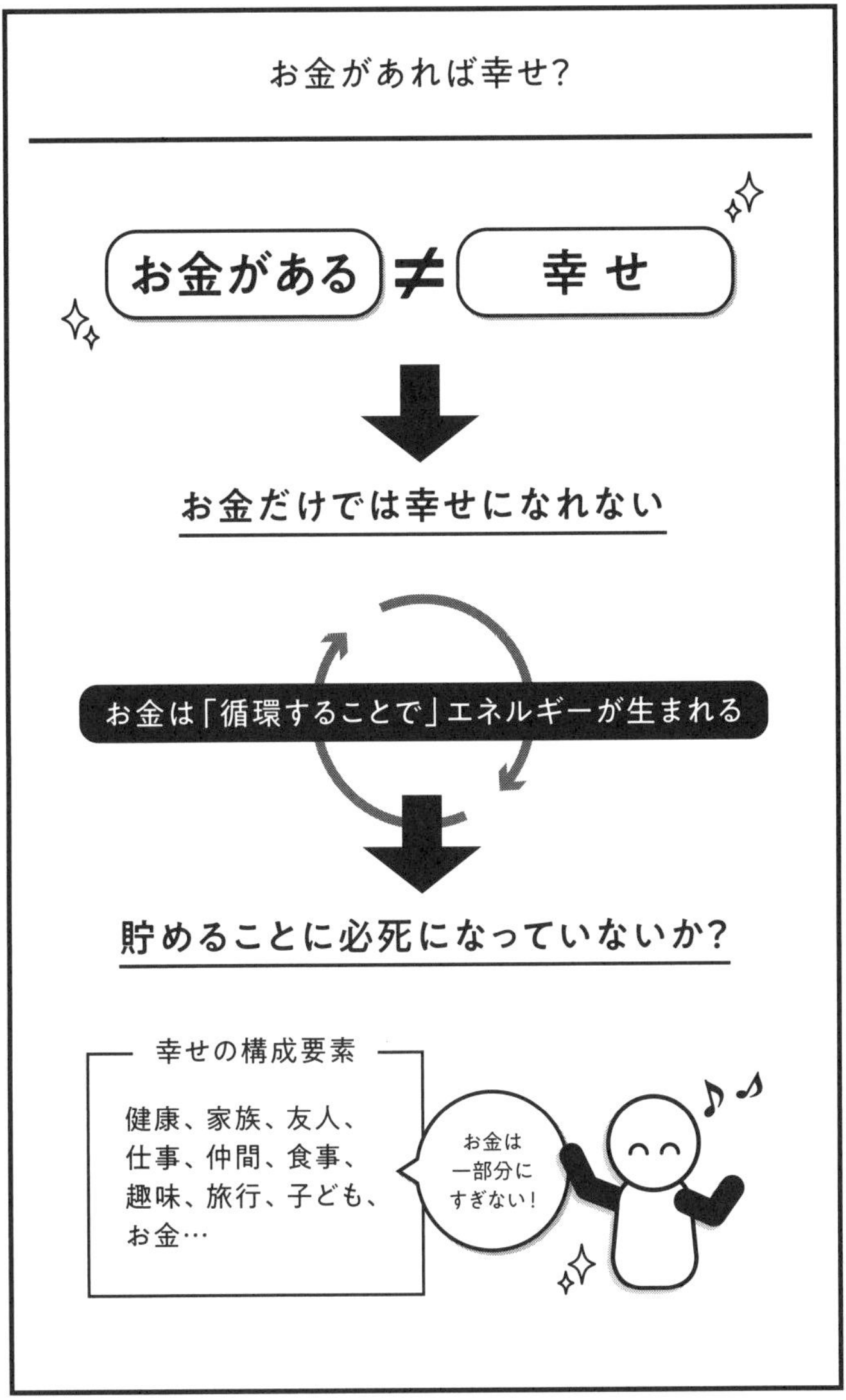
お金があれば幸せ?
お金がある ≠ 幸せ
お金だけでは幸せになれない
お金は「循環することで」エネルギーが生まれる
貯めることに必死になっていないか?
幸せの構成要素
健康、家族、友人、
仕事、仲間、食事、
趣味、旅行、子ども、
お金…
お金は
一部分に
すぎない!

42 習慣

やっては いけない！

自分のためにお金を使う

これで うまくいく！

人のためにお金を使う

「ムダ使いしちゃダメよ」

幼いころ、おそらく誰でも一度は言われたことがあるセリフだと思います。

こういう教育を受けた人たちは、**無意識に「貯める＝いいこと」と信じています。**

そういう教えのせいで、欲しいものを我慢してお金を貯めることを優先しているなら、いますぐやめることを提案します。

もちろん、一人暮らしのための資金を貯めているとか、大学入学のためにお金を貯めているといった、目的があって貯めているのであればそれは素晴らしいことです。

しかし、目的もなく、ただ貯めているというなら、それこそ悪しき習慣です。

先ほども申したとおり、お金は循環させることで幸せのエネルギーが生まれます。であれば、**我慢してお金を貯めるのは、エネルギーを滞らせていることになり、幸せなエネルギーが入ってきません。**

また、日本人はお金の話をおおやけにすることをタブーとしている傾向があります。「貯金いくらある?」「あのマンション、いくらで買ったの?」など、お金にまつわる話を気軽にはしません。

仲のいい友だちに聞かれたとしても、よっぽど信頼しあえる仲ではない限り、素直に答えることはないでしょう。

しかし、海外では日常会話のなかにお金の話がよくでてきます。

お金が欲しいと思っていることに羞恥心はなく、隠すという意識もありません。

余談ですが、私のビジネスパートナーはよく募金や寄付をしています。

「少しでも誰かの役に立ちたい」という思いが強く、そういう習慣をもった仲間を誇りに思います。

なによりこの日本は、そうやって困った人を助け合えるシステムがある素晴らしい国だと思います。

普段お世話になっている方のお子さんが生まれたとか、結婚されたといったお祝いのシーンで相手に何かをプレゼントすることも、とてもよい習慣です。

もらった側としてみれば、品物よりも気持ちがうれしいのです。

言葉には魂が宿っています。「お金が欲しい」と心を込めて口にすると、不思議とお金が集まるエネルギーが生まれてきます。つまり、「お金が欲しい」とか「好き」とていねいに言葉にするのはとてもよいことなのです。

手に入れたお金を世のため人のために使いましょう。

すると、さらに大きなエネルギーとしてお金が入ってくることを実感できるはずです。

お金は貯めるのではなく、人のために使おう!

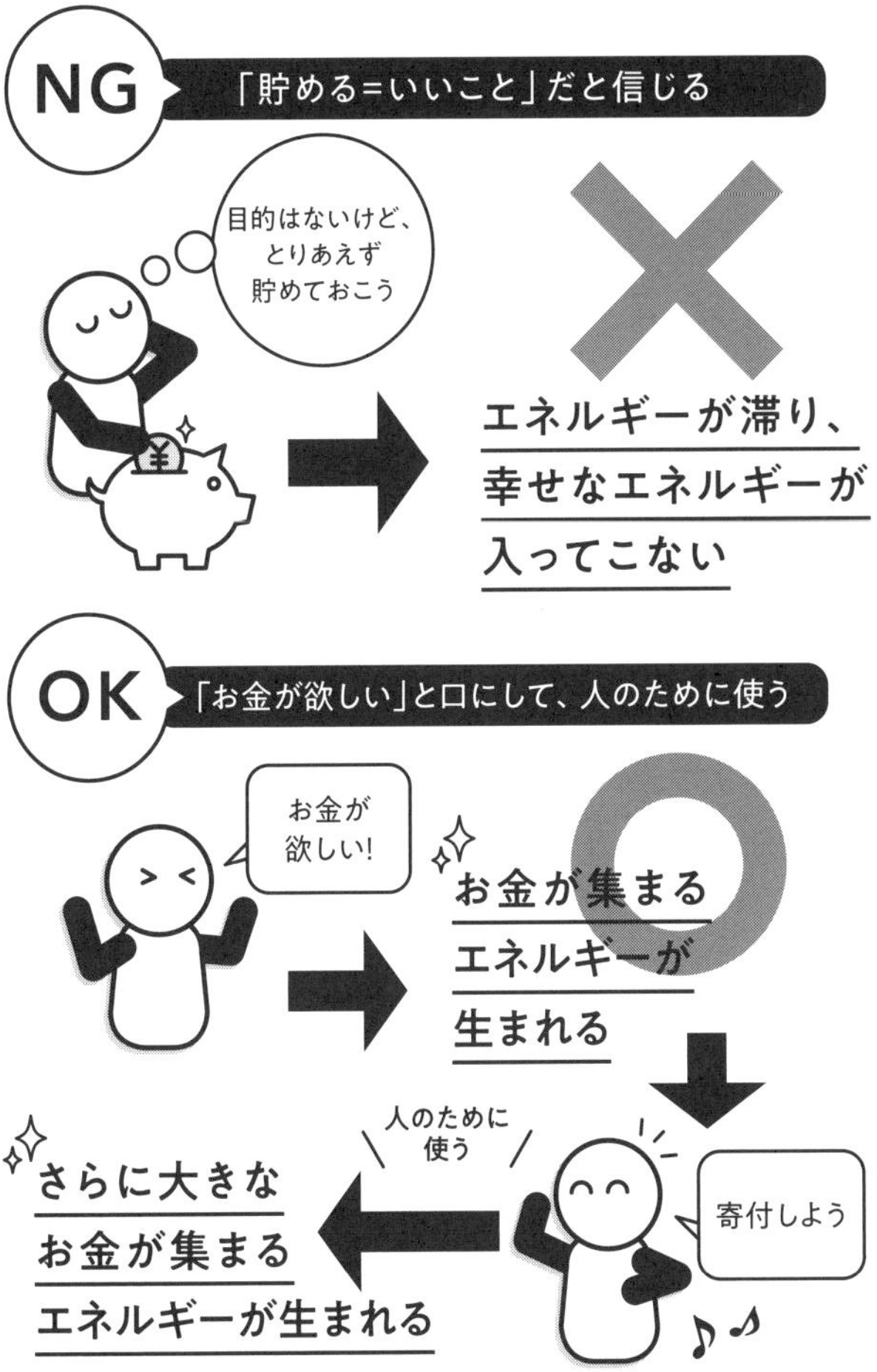

43 習慣

やってはいけない！

株などの金融投資ばかりしている

これでうまくいく！

学びの場に積極的に投資をしている

「お金を増やす」というと、おそらく株などの投資を考える人が多いでしょう。

実際、お金に関する本は売れていますし、「お金は増やすことができる」という意識が広がりつつあります。

しかし、本来お金とは、見返りを求めるために使うものではありません。世のため人のために使ってこそ、自分に返ってきます。

株などに投資することは、当然ながらエネルギー交換がないため、リターンにも限度があります。

ですが、人や社会に対して使ったお金は限度がなく、だからこそリターンも無限です。

そもそも、株などで得たお金にありがたみや幸せを感じる気持ちは薄いでしょう。汗水たらして稼いだ1万円と、パソコン上で1万円を稼ぐのとでは、どちらが心から「うれしい！」と感じますか？　誰でも自分の身体で働いていただいた1万円に幸せを感じるはずです。

最近、高額なセミナーなどに自己投資する人が増えています。なかには何百万円という高額セミナーもありますが、高ければ高いほど、人が集まっているという現状があります。

なぜなら、高額であるほどエネルギーの交換が生まれることを知っているからです。

大きなエネルギーを与える（支払う）ことにより、大きなエネルギーが自分に返ってくることは、原理原則であり、変えようのない事実です。

それを知っている人は、何百万円のセミナーであろうと迷わず申し込みます。そして、**みんな「高いからこそやる気が出る」と口をそろえて言います。**

私も講師として、いままで数千人にセミナーを提供してきましたが、以前、受講生にこんなことを言われたことがあります。

「井上先生の勉強会は、私にとって高額ではありましたが、あれほどリターンが大きい講座ははじめてでした。いままでいろいろな講座を受けましたが、あれほどエネルギーと成果を得ることができたのは、この講座だけです」

彼がとてもコーチャブルであったこともありますが、彼のその後の人生を変えるきっかけになることができ、とてもうれしい気持ちになりました。

そして、あらためて「提供する側も本気でエネルギーを与えなくてはいけない」と背筋が伸びました。

世の中には無料のセミナーや安価な講座もたくさんあります。

しかし、エネルギーの交換と考えると、小さな投資では小さなエネルギーしか入ってこないことが予測できるでしょう。

実際、ネット検索で得た無料の情報だけでは、価値ある情報が得られません。ならば、**株などに投資をするだけではなく、自分の血肉となる学びにお金をかけたほうがよっぽどいいでしょう。**

お金とはエネルギーを交換するためのツールでしかありません。それが理解できれば、おのずと正しい使い方が見えてくるはずです。

44

習慣

やってはいけない！

お金がないから、やりたいことをあきらめる

これでうまくいく！

お金がなくても、いま何ができるか考える

高級車に乗り、ハイブランドで身を固めたりしている人を見て、あなたはどんな印象を受けますか。

「高級車に乗っているからお金持ちだろうな」

「ハイブランドが買えるなんてよっぽど稼いでいるんだろう」

そんなふうに思った人は、要注意です。

なぜなら、**お金にだけ固執している人ほど、見た目や価格だけで相手のすべてを判断しようとするからです。**

そういう人こそ、「△△したいけど、お金がないからできない」とか「お金が貯ま

ったら△△をしよう」が口グセになっています。

そして、そういう言葉を口にすることが習慣化していると、さらにお金が巡ってこないという悪循環のスパイラルにはまっています。


そもそも「お金持ち」の基準などあいまいです。

借金をしてでも高級車に乗っている人もいますし、いつも同じ服を着ている資産家もたくさんいます。だからこそ、外見だけを見て「あの人はお金持ち」と決めつけるのは、間違っているのです。

同じように、あなた自身もお金がないわけではないのに、自分でお金がないと思い込んでいる可能性も高いです。


あなたはこの本を買うだけのお金をもっていました。本当にお金に困っていたなら、本よりもお米を買ったでしょう。

もしあなたが「自分はお金がない」と思うなら、それは間違いです。

それなのに、本当にやりたいことをあきらめていたり、欲しいものを我慢したりしているなんて、もったいないと思いませんか。

また「お金持ちこそ、お金に執着していない」と思われがちですが、そんなことはありません。お金持ちこそ、お金を手に入れることに貪欲ですし、人一倍行動をしています。

そして、苦労してお金を手に入れた人ほど、あらゆる物事をフラットに判断できる習慣が根づいています。

見た目や価格で相手を判断する人は、本当は何が大切かを見失いがちです。

もし、あなたが、自分のやりたいことができないのをお金のせいにしているのなら、本当の意味で必要なものが何なのか見えていない可能性があります。

そうした思考グセが、あなたを夢や目的から遠ざけていることに気づきましょう。

そうと気づけば、自然と「私はお金がない」という言葉を発することはなくなります。

やりたいことができないのを
お金のせいにしてはいけない

NG お金がないから、やりたいことをあきらめる

OK お金を理由にやりたいことをあきらめない

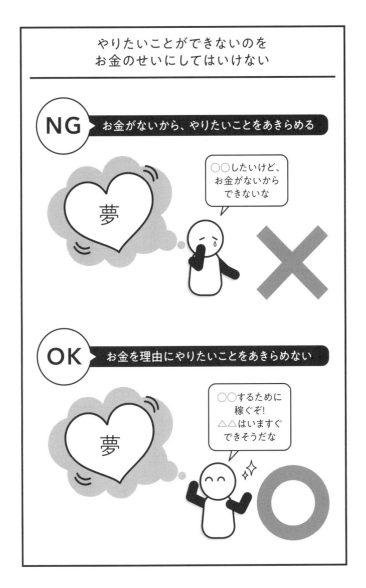

45 習慣

やってはいけない！

高価なものが欲しい！

これでうまくいく！

目的をもって買い、一生大切にする

すべての物事にはエネルギーが宿っています。

お金や物、身体など目に見えるものはもちろんのこと、言葉や音楽、声など目に見えないものにもエネルギーが宿ります。

洋服ひとつにしても同じです。

たとえば、

「ずっと欲しかったコートをようやく買うことができた」

という場合、そのコートにはあなたの愛というエネルギーが宿ります。

かたや、

「これ、もういらないからあげる」

などと人からもらったコートは、いくら高価なものであろうと愛というエネルギーは宿りません。

よく「洋服はかならずセールやバーゲンで買う」という人がいます。

前々から欲しかったものがたまたま安く売っていた場合はラッキーですが、基本的に**セール品には「売れ残ったエネルギー」しか込められていません。**

もちろん、それらセール品が商品として悪いものではありませんが、物質自体がもつエネルギーが低いため、誰が身にまとっても不思議と魅力的に映らないことのほうが多いです。

物質のもつエネルギーという視点で考えると、私は古本を買うことにもやや抵抗があります。

もちろん、欲しい本が古本でしか手に入らなければ買いますが、本こそエネルギーの塊ですので、なるべく新刊で買うようにしています。

また、**高価なものを買って一生大切にすることがいいと言われますが、私はそれがかならずしも正しいとは思いません。**

そもそも、あなたが一生大切にしようと思い買った高価なもののなかで、いまでもずっと大切に使い続けているというものはいくつありますか。

たしかに、何個かあると答える人もいますが、「ない」と答える人もいるはずです。

人は飽きる生き物です。高価なものを一点買いしても、案外また新しいものが欲しくなります。

それなのに、**「せっかく買ったんだから使わなきゃもったいない」と、なかば強制的に使うようであれば、そのもの自体にエネルギーは生まれません。**

であれば、高価一点主義を貫くのがすべて正しいとはいえないと理解できるでしょう。

かくいう私は、40歳のときに、とあるブランドの赤のライダースジャケットを買いました。

かなり高額ではありましたが、

「20年後、還暦を迎えたときに、このジャケットが似合う生き方をしていたい」

と思ったので、迷わず購入しました。

本来、高価なものを買うときは、「その物質のもつエネルギーに似合う自分に近づくため」を目的にすることが大事です。

「いつかこの時計が似合う男になりたい」
「このバッグを持つのにふさわしい女性になりたい」
「この車に乗っていても違和感のない人間になりたい」

そうやって、そのものの価値と自分の価値を近づけるために買うという習慣を身につけましょう。

ただ見栄を張りたいとか、カッコつけたいからハイブランドを買うという安易な考え方こそ、お金の無駄使いです。


私はあと数年で還暦を迎えます。

クローゼットのなかに赤いジャケットを見かけるたびに、これを買った40歳のときの自分を思い出し、あらためて襟《えり》を正されます。

このライダースジャケットは私を初心に返らせ、また、未来の自分に思いを馳《は》せる大切なアイテムであることに変わりはありません。

目的をもって買い、一生大切にする

安いから
セール品を
買おう!
せっかく高いものを
買ったんだから
使わなきゃ損!

セール品は
「売れ残ったエネルギー」
しか込められていない

強制的に使っても、その
もの自体にエネルギーは
生まれない

いつかこれが
似合う人に
なるぞ!

**高価なものを買うときは、
「その物質がもつエネルギーに似合う自分に
近づくため」を目的にすることが大事!**

46 習慣

やってはいけない！

絶対に借金をしてはいけない

これでうまくいく！

借金は社会的に信用がある証

成功者と呼ばれる人の多くは、借金をした経験があります。

お金は世のため人のために使ってこそ入ってくるという原理原則を理解していれば、**借金をせずに何か大きなことを成し遂げることはできない**と理解していただけるでしょう。

世の中には「絶対に借金はしてはいけない」と思っている人もたくさんいますが、そういう人はエネルギーの流れを知りません。

だからこそ、借金なんてもってのほかと思い込んでいます。

しかし、**借金ができるということは、社会から信頼と価値を得ていることの証です。**

社会からいただいた価値を自分の将来の価値に変えていくためにお金を貸してくれる。そんな素晴らしいシステムを利用しない手はありません。

それに借金をすると「がんばって返さねば！」という意識が生まれます。

その意識がやがて、お金を生むエネルギーにつながります。


かくいう私も、歯科医院を開業したり家族の事業の手助けをしたりして、４億円ほど借金を抱えた時期がありました。

「こんな大金を返すのに何年かかるだろう。本当に返せるのか？」と不安になったこともありました。

しかし、そういうときこそ、「いま何ができるのか」と問い続けたのです。

「身体はひとつしかないし、手は2本しかない。ならば、少しでも優秀な歯科医師にならなくては……」

そう思い、年間１００以上の国内外のセミナーに参加したり、空いている時間は本を読んだりして、学び続けました。

そうするうちに、国内外からもインプラント治療など、特別な治療を受けに来てくれる患者さんが増え、それによりすべての借金を返すことができました。

あのとき、借金があるにもかかわらず、高額な投資のセミナーに参加したり、勉強に励むことがなければ、いまの自分はいなかったでしょう。

4億円という数字はさすがに不安になりましたが、いま思えば、その借金が原動力になったことは間違いありません。

会社員であれば、「住宅ローンを返済するまではがんばる」という目標を立てる人もたくさんいます。つまり、負債があるから一生懸命働こうと思うわけですし、借金をしたことで、新しい何かにチャレンジするきっかけを得ることもあります。

人はマイナスを背負ってこそ、目的に向かってがんばろうとする気力が生まれるのです。

しかし、すべての借金がいいとは限りません。

いまの生活の質を下げるような借金はNGです。

返済がむずかしいほどの住宅ローンを組んだり、見栄を張りたいためだけに高級車をローンで買ったりするのはやめましょう。

よい借金とは、いまの生活水準を下げず、長期的に返すプランを組めることが大前提です。

自分で言うのもなんですが、私は幼いころから豊かな生活をさせてもらってきました。

そのぶん、自分が借金を背負うことがとても不安でした。

しかし、どんなに恵まれた家庭に育っても、大人にならなければいけないときがかならずきます。

世の中には、大人になっても親の資産だけで生きている人がいますが、そういう人は自立できていない人が多く、人として魅力的ではありません。

つまり、**お金とは自分で生み出してこそ価値があるのです。**

それを理解しながらお金と向き合いましょう。

47 習慣

やってはいけない！

「やりがい」を求めて仕事をする

これでうまくいく！

「稼ぐこと」を求めて仕事をする

就職活動をしている学生はかならず、先生から「将来、何をやりたいの？」と聞かれます。就職先を決めるには、そこを聞くのが当然であり、それを誰も疑問に思う人はいないでしょう。

つまり、**自分がやりたいことを仕事にすることが基本とされています。**

しかし、実際は、新卒で入った会社で定年まで働く人はほとんどおらず、多くの人は数年で転職します。

その会社で働くことを願い、ようやく手に入れた内定なのに、数年で辞めてしまう人が多いのは、「思っていた仕事内容ではなかった」とか「思うように稼げなかった」という問題があるからです。

とある就職サイトの最近の離職理由ランキングによると、1位が人間関係、2位が残業・休日出勤、3位が仕事内容、4位は求人と仕事内容が違う、5位は給料が低いとなっています。

人間関係はある程度仕方ないとしても、**それ以外は「働いたぶんに見合う報酬がないこと」が理由であることが想像できます。**

言いかえれば、仕事内容に見合う充分な報酬があれば、離職しない可能性が高いということになります。

多くの人はやりがいを重視しているといいつつも、**じつは報酬を求めていることがわかります。**

なのに、世間は「やりたいことを仕事にしよう」とか「好きなことを仕事にしよう」が一般的であり、**誰ひとりとして「稼げる仕事をしよう」とは口にしません。**

もちろん、やりがいを求めて仕事をすることは大切です。

しかし、**稼ぎたいからがんばることは、結果として、それがやりがいになるのです。**

よって**「自分は何をやれば稼げるのか?」という視点で仕事を選ぶことが大事です。**

日本人はおおやけに「お金を稼ぎたい」と口にする人が少ないですが、実際はみんなお金が欲しいのです。であれば、報酬で職業を選ぶことは悪いことではありません。

とはいえ、どんな仕事を選んだらいいかわからないという人もいるでしょう。

そういう場合は、あなたがいままで続けてきたこと、一生懸命やってきたことは何かと考えてみてください。そして、それに関連した仕事を選ぶことがベストです。

どんな仕事であれ、最初はかならず苦労がつきものです。

好きなことだけを仕事にすると、どうしてもやりがいに対しての期待値が高くなり、「現実はこんな感じなのか」と、がっかりすることもあります。

それなら、**最初から高い期待をしないほうがいいし、同じ苦労であれば、報酬が高いほうがいいに決まっています。**

だからこそ、やりがいよりも報酬で仕事を選びましょう。そのほうが結果として長続きします。

48 習慣

やってはいけない！

一攫千金を狙っている

これでうまくいく！

徐々に収入を増やそうとする

日本人は「努力」とか「根性」という言葉が好きです。

しかし、実際はコツコツと努力することが苦手という人が多く、無駄な努力をせず、すぐに結果を出したいと考えます。

簡単に手に入るものは、誰もが簡単に手に入れることができるものであり、そこに希少価値はありません。


前述したとおり、いまこの時代は選ばれることが成功を収めます。

手っ取り早く何かを得たり、誰でもできるようなものを手に入れても、そこに価値はなく成功するチャンスは得られないのです。

話がそれますが、私は地元の北海道・帯広にいても都内にいても、週3日の筋トレを欠かしたことはありません。

筋トレをしていてしみじみ感じるのは、短期間でシックスパックの腹筋をつくることはできないということです。

シックスパックをつくるためには、腹筋はもちろん、付随する筋肉もバランスよくトレーニングすることが大切です。腹筋を鍛えつつ、まわりの筋肉もバランスよく鍛えてこそ、美しいシックスパックをつくることができます。

つまり、長期的かつ毎日の努力がとても大事なのです。

筋肉と同じように、基盤がなく急激につくり上げられたものは不安定です。

お金に関してもそう。一攫千金を狙うというのは、努力をせずにお金を手にしたいと考えていることと同じです。

宝くじに当選した人の9割がその後の人生で苦労をするという現実は、お金の大切さや扱い方を知らないからです。

つまり、**簡単に手に入れたものは壊れやすい**ということです。

これはお金に限ったことではありません。

学生のころ、入学したときに頭がいいと言われた人ほど、徐々に成績が下がってしまうという傾向があります。

反対に、最初は成績が悪くてもコツコツと努力した人のほうがその後、いい成績を収めることができるという事例がたくさんあります。

私も大学院のとき、研究でなかなか思うように成果が出ず苦労したことがありました。しかし、毎日少しずつデータを解析したことで最終的に誰よりもその研究でよい成績を収めることができたのです。

そのとき、「目の前の作業は地味だけど、コツコツと努力することが確実にゴールに近づくんだ」ということを実感しました。

もしあなたが、**「働かずに大金を得たい」と考えているなら、残念ながらそれは叶わないと考えましょう。**

万が一、何かで大金を手に入れたとしても、あなたにはそのお金を活かす度量が備わっていないため、お金の大切さに気づかず、結果として不幸になる可能性が高いです。

お金持ちになりたいと思うなら、「急がば回れ」です。

いま目の前にあることに真摯《しんし》に取り組みましょう。

そう信じ抜く習慣が身につけば、あなたの収入はかならず右肩上がりで増えていきます。

49 習慣

やってはいけない！

キャッシュレス主義

これでうまくいく！

現金主義

キャッシュレス化が進み、「お財布にカードしか入れていない」という人も多いようですが、**私は現金主義を貫いています。**

たしかに、コンビニのレジでジャラジャラと小銭を出さずに済むのは便利でしょう。タクシーなどでも現金で払うより、カードで支払ったほうがあきらかに時間のロスがありません。

しかし、お財布に現金が入っていないとどうも落ち着きません。

いまの日本は、いつどこで大きな地震や災害があるかわかりません。

実際、災害に遭った人たちに話を聞くと、「店が開いていても現金を持ち合わせておらず、何を買うこともできず苦労をした」とか、「電気は復旧しても、ATMを使うことができず、お金をおろすことができなかった」という話をよく聞きます。

つまり、**何かあったとき、現金があるかないかが大きな差となります。**

たしかに、キャッシュレスは便利かもしれませんが、何かあったときにすぐに使えるのは現金以外にありません。

であれば、つねに現金を持っていることがお守りになります。

何度もお伝えしたとおり、お金はエネルギーです。循環させることがもっともよいお金の使い方です。ならば、**そのエネルギーを持ち歩いたほうがいいと思うのは当然**のことでしょう。

しかし、いくら現金を持ち歩いていようと、お財布のなかに不要なレシートやカード類がたくさん入っている人がいます。

そういうお財布では、お金を雑に扱っていることと同じです。

物は雑に扱うと壊れやすくなります。同じように、お金も雑に扱うとよいエネルギーを生むことができないことを覚えておきましょう。

50 習慣

やっては いけない！

金運アップの効果をバカにしている

これで うまくいく！

金運アップに積極的に取り組んでいる

金運をアップしたいのは、誰もが望む願いでしょう。

テレビや雑誌でもよく特集が組まれますし、ネットなどでも金運アップに関する記事はつねに人気です。

年末年始になると「金運アップには△色のお財布がいい」などといった情報がかならず流れるのは、誰もがお金に興味があることを表しています。

余談ですが、10年ほど前、患者さんからめずらしいものをいただきました。

それは、変わった折り方をされた一万円札と千円札でした。

よくよく聞いてみると、一万円札が1億円に、千円札が100万円に見えるように折られ、これをお財布に入れておくと、金運がアップするらしいとのこと。

患者さんからお金をいただくことに抵抗はありましたが、せっかく用意してくれたという患者さんの気持ちに感謝し、素直にいただくことにしました。

それ以降、2枚のお札はいつも私と一緒に過ごしています。

お財布を買い替えるときも、必ず入れ替えて持ち歩くようにしており、そのせいかお金に困ったことは一度もありません。

世の中には、おまじないのようなものをはなからバカにする人もいます。

しかし、すべての物事は内なる思いからわき上がり、行動となり、現実をつくります。

つまり、「**そんなものは信じないし、当たるわけがない**」**と思った時点で、すでにあなたの現実は決まってしまいます。**

そもそも金運アップをバカにしている人というのは、「これをしたら成績が上がるよ」とか「この仕事はこうすると効率よくできるよ」という他人からの助言をバカにしていることと同じです。

そういう思考グセがある人は、人が教えてくれたことを信じず、アドバイスに感謝ができない人である可能性がとても高いです。

人に感謝ができないということは、相手とエネルギーの交換ができないので、おのずと、人もお金も遠ざかっていきます。

もしあなたが**金運アップのおまじないを信じているなら、それはお金を大切に扱っている証拠です。**

そして、そういう心をもった人にはかならずいい循環でお金が集まってきます。

何度も言いますが、お金はエネルギーです。

手にしたお金をどう使うかで、人生が変わることを意識しましょう。

Epilogue

あなたはすべての源に立っている

次の言葉は、ヒンズー教に伝わる一説です。

自分が変われば相手も変わる
心が変われば態度も変わる
態度が変われば行動も変わる
行動が変われば習慣も変わる
習慣が変われば人格が変わる
人格が変われば運命が変わる
運命が変われば人生が変わる

本文でも少しふれましたが、私は30代のときに遭遇した事故をきっかけに、自己啓発や潜在意識を学びました。

そのときに出会ったこの言葉は、「私はすべての源に立っている」ということに気づかせてくれました。

「私の世界は私自身がつくることができる。ならば、いったん過去の自分を捨て、新しい自分を創作しよう」と思ったのです。

新しい自分をつくるために、まずおこなったのがいつもの行動を見直すことでした。

普段当たり前のようにしていることを書き出してみたのです。

すると、決まった習慣があり、そのなかで生きていることに気づきました。

そして、その習慣を変えることが、自分という枠から出るきっかけになると考えたのです。

そうと気づいてからは、自分の行動・言葉に対し、つねに疑うようになりました。

「いままでは当然のようにこっちを選んでいたけど、本当にこれでいいのか?」

そんな意識が生まれると、自然と行動のすべてが変化していったのです。

そして気づくと、いままでとは違う「新しい自分」を手に入れることができていました。

この経験から、**自分の習慣を知ることが、新しい自分をつくるきっかけになると実感したのです。**

あなた自身がどんな人なのか顕著に表れているもの、それがあなたの習慣です。

しかし、あなたの習慣は、すべてあなたが意図的に決めたことではありません。

生きてきた環境や両親、友だちなど、あなたを取り巻くあらゆる物事により、いまのあなたの習慣が確立しました。

だからこそ、**たとえ悪い習慣だと気づいても、あなたが悪いわけではないことをまずは認めてあげましょう。**

そして、そうと気づいたその瞬間から、あなたはその悪しき習慣を手放すことができるようになります。

この本を手にし、最後まで読んでくれたあなたは、自分の習慣を客観的に捉えることができた素晴らしい人です。

そして、いまこの瞬間から理想の自分を手にする習慣を身につけましょう。

そうすることで、かならずあなたの行動が変わり、習慣が変わり、未来が変わります。


あなたはすべての源に立っています。

たったいま、新しい世界がスタートしました。

あなたの素晴らしい門出をともに過ごせたことを、うれしく思います。

井上裕之

著者プロフィール

井上裕之（いのうえ・ひろゆき）

いのうえ歯科医院理事長。歯学博士、経営学博士。1963年、北海道生まれ。東京歯科大学大学院修了後、世界レベルの技術を学ぶためニューヨーク大学、ペンシルベニア大学、イエテボリ大学で研鑽を積み、医療法人社団いのうえ歯科医院を開業。自身の医院で理事長を務めながら、東京医科歯科大学、東京歯科大学非常勤講師、インディアナ大学客員講師など国内外の6つの大学で役職を兼任している。その技術は国内外から評価され、特に最新医療・スピード治療の技術はメディア（情報番組「未来世紀ジパング」）に取り上げられ、注目を集めている。世界初のジョセフ・マーフィー・トラスト（潜在意識の権威）公認グランドマスター。本業の傍ら、世界的な能力開発プログラム、経営プログラムを学んだ末に、独自の成功哲学「ライフコンパス」をつくり上げ、「価値ある生き方」を伝える著者として全国各地で講演をおこなっている。

著書累計は130万部を突破。実話から生まれたデビュー作『自分で奇跡を起こす方法』（フォレスト出版）は、テレビ（「奇跡体験! アンビリバボー」）で紹介され、大きな反響を呼ぶ。ベストセラー『「学び」を「お金」に変える技術』（かんき出版）、『なぜかすべてうまくいく 1%の人だけが実行している45の習慣』(PHP研究所)、『なぜ、あの人の仕事はいつも早く終わるのか?』『「変われない自分」を一瞬で変える本』（きずな出版）など著書多数。

やってはいけない50の習慣

2021年8月15日　第1刷発行

著　者　　井上裕之

発行者　　櫻井秀勲
発行所　　きずな出版
東京都新宿区白銀町1-13　〒162-0816
電話03-3260-0391　振替00160-2-633551
https://www.kizuna-pub.jp/

編集協力　加藤道子
ブックデザイン　池上幸一
印刷・製本　モリモト印刷

ISBN978-4-86663-146-2

きずな出版